篡唐

周知惟 著

吉林文史出版社

图书在版编目（CIP）数据

篡唐／周知惟著. — 长春:吉林文史出版社，
2017.10
ISBN 978 -7 -5472 -3995 -7

Ⅰ. ①篡… Ⅱ. ①周… Ⅲ. ①朱温（852 -912）-传记
Ⅳ. ①K827 =431

中国版本图书馆 CIP 数所核字（2017）第 096708 号

篡 唐

CUAN TANG

出版人／孙建军

著者／周知惟

责任编辑／王明智

封面设计／孙倩

出版发行／吉林文史出版社

地址／长春市人民大街 4646 号 邮编／130021

网址／www. jlws. com. cn

电话／0431 -86037501

印刷／北京市金星印务有限公司

开本／710mm ×1000mm 16 开

印张／12.5 字数／210 千

版次／2017 年 10 月第 1 版 2017 年 10 月第 1 次印刷

书号／ISBN 978 -7 -5472 -3995 -7

定价／38.00 元

目录

野心弑主

公元 904 年，唐昭宗天祐元年。秋夜，一场血腥的宫廷政变即将拉开序幕。

洛阳宫椒房殿里，一个三十七八岁的男子躺在宽大的床榻上辗转反侧，难以入睡。睡在他枕边的是个不到三十岁的美貌女子，男子夜不能寐，不是因垂涎女子的美色而心猿意马。这个女子是他的爱妾李渐荣，此时已进入熟睡状态，一个多时辰前他们还云雨了一番，男子睡不着另有原因。

夜色越来越深，一轮亮得发白的圆月将寝宫外的院子照得惨白。男子不是没有失眠过，但他以前从未见过如此惨白的夜晚，他总觉得这个夜晚不同寻常，似乎会有不祥之事发生。但究竟会发生什么？真要较真起来，男子也迷惘了。除了这片令人瘆得难受的惨白，空旷的院子里杳然无声，半个人影都见不着。

院子的西北方位，种着一棵歪脖子槐树，这棵树的树皮上沟壑纵横，是一棵历经沧桑的老槐树了。忽然，一阵阴森的秋风袭来，吹得老树的枝叶婆娑作响，枯黄的败叶落得院子里满地都是。男子心中一凛,顿时生出几分莫名的惧意,这个夜晚实在有些诡异,男子在心里嘀咕,并紧闭双眼督促自己尽快睡着。

到了明天,一切都会好起来的,男子这些年来每次入睡前都是这样给自己打气。可惜,在今天这个诡异的夜晚,有人不想让他再活到明天。

洛阳宫外向南五里处,有一座威严气派的梁王府邸,这座府邸的主人正是梁王朱全忠。洛阳的市民们都知道,这个梁王以前是个乡巴佬,还是当地有名的无赖,当过逆贼头子黄巢的将军,后来他弃暗投明,才赢得了如此这般显赫的地位。但这种有过造反前科的人往往江山易改,本性难移,一旦大权在握,就想重操旧业了。

梁王府梁王的书房里,今晚聚集了一群各怀鬼胎的文人武夫,他们都是梁王朱全忠的心腹。与椒房殿院落里诡异的气氛不同,这里杀气腾腾,白痴都知道这群野心家想杀人了,而且是那么的迫不及待。

朱全忠端坐在主位上,一股威严之气迅速弥漫,让在场的文武官员莫不肃然起敬。他虽然是无赖出身,但身材魁伟,高鼻梁,眼耳皆大于常人,满脸横肉上生长着浓密的虬髯,不像个无赖,也不像个莽撞的武夫,反倒有些英武。虽身着便服,但也不怒自威,哪怕就是一瞪眼,也能让人不寒而栗。

没等朱全忠开口,一个三十出头的青年男子就按捺不住,骂骂咧咧道:"像李晔那种废物,连手下的阉人都管不住,早就该让位给父王了!"

此人名叫朱友恭,是朱全忠的养子,官拜左龙武统军。朱友恭口中所骂的李晔,正是当今天子,李晔曾被宦官挟持,差点被杀,幸亏朱全忠派兵入宫诛杀宦官,才使李晔避免死于阉人之手。

朱全忠对朱友恭的粗鲁有点不满,他淡淡地说道:"恭儿,你先闭嘴,不许胡说。"

"父王……"朱友恭还想劝说,朱全忠瞪了他一眼,即便是彪悍的武夫,朱友恭也只能惴惴不安地退立一旁。

宣徽南院使蒋玄晖是朱全忠的心腹将领,此人心狠手辣,为达目的不择手段,他最大的愿望就是成为新朝廷的开国功臣,而杀了当今天子是个绝好的立功机会。

他可不愿意放过这个机会。

"梁王虽仁慈,但天子未必知恩图报,末将可听说,天子表面上对梁王顺服,内心实怀有杀心。梁王已救过天子一次,何必再饶他一次,养虎为患? 还请梁王下令,末将赴汤蹈火,万死不辞!"蒋玄晖为了怂恿朱全忠对天子痛下杀手,不惜捕风捉影,以极具煽动性的语气添油加醋。

朱全忠很满意蒋玄晖的忠诚,但他反感一个杀人鹰犬在他面前指手画脚,鹰犬的职责就是坚定不移地执行主子的命令,而不是教主子怎么下命令。他端坐在主位上,一言不发,朝身着甲胄的蒋玄晖也瞪了一眼,蒋玄晖连忙知趣地退下。

朱全忠城府深不可测,当今世上能猜到他心思的只有两人,可惜这两人都不在场。在场的谋臣武将们都糊涂了,梁王这架势,是不想对天子下手了吗? 梁王怎么能打退堂鼓呢,这也太不果断了吧!

书房里嘈杂不堪,众人交头接耳,你一句我一句,分明有几分抱怨。"肃静!"朱全忠厉声说罢,屋子里顿时鸦雀无声。这时,他又给

了众人希望，朝一个穿朱袍的文官道："先生，你看此事该如何处理？"

此人是判官李振，三十五岁左右，中等身材，以前是个落第书生，很早便投在朱全忠麾下，现在是朱全忠手下第二号谋士。李振引经据典、简明扼要地吹捧了一通："天下无常主，有德者居之，是以高祖代隋，海内赞誉；太宗屠兄，不失英主。梁王匡扶社稷，威加海内，功勋昭著，何必过于自谦，久居人下？"

朱全忠很惬意，文人到底是文人，骂起人来尖酸刻薄，但吹捧人也足以让人甜到心坎。不过他没有得意忘形，又问了李振一些相关事宜，一场血腥的宫廷政变，终于确定下来了。

时光悄悄流转到亥时，床榻上先前辗转反侧的男子终于坠入梦乡。孤寂的椒房殿又恢复了死气沉沉的宁静，阴森的秋风戛然而止，惨白的月光把死寂的院子照得更加恐怖，槐树上急欲坠地的老叶也屏声息气，战战兢兢地蜷缩在树枝上。

忽然，一阵急促的脚步声打破了这死气沉沉的宁静，紧接着，院子外传来咚咚的敲门声。那声音起初比较微弱，有节奏地响了片刻后，变得猛烈迅捷，响声如雷，惊醒了寝宫里熟睡的男子和他的爱妾李渐荣。

男子顿觉大事不妙，心怦怦跳个不停，女子也是满脸惊慌，花容失色。男子心想，不管外面有什么情况，这个时候都不能慌，于是抑制住恐惧，从容不迫地起床更衣。女子见男子从容自若，心里也平静了许多，一边更衣，一边不住地询问外面发生了什么。

男子柔声宽慰了几句，又连忙呼唤守卫宫门的太监。这时院外的动静越来越大，敲门声也更加迅疾响亮，再不开门，门外的人恐怕是要破门而入了。

"陛下。"一个五十多岁满脸褶子神色慌张的宦官在门外向男子请命。他是椒房殿的宫门监裴贞,在偏房打瞌睡的他也被门外的动静惊醒,听到男子的呼唤,连忙行色匆匆地赶来请命。

男子名叫李晔,正是当今天子,他以命令的口吻对裴贞道:"外面发生了何事,速去察看。"

"奴才遵命。"裴贞惴惴不安地走到了院门旁,不敢开门,以尖细的声音朝门外道:"来者何人?可知私闯后宫是死罪!"

门外应声传来一个刚烈的声音:"吾乃宣徽南院使蒋玄晖,今夜有紧急军情传来,梁王派末将前来请陛下商议军事,还请公公禀告。"

裴贞敷衍道:"夜已深了,陛下正在休息,有事明日再说。"这个在宫廷里生活了四十多年的老奴,不知见过多少阴谋谎言,他显然是不相信蒋玄晖的这番说辞。

话音甫落,他突然感觉胸口一阵剧痛,垂首俯视,前胸被一柄利刃插入。原来,蒋玄晖自料无法骗裴贞开门,竟然拔出佩剑朝门缝刺去,一剑正中裴贞前胸。裴贞惨叫一声,感觉喉咙似有咸意,"哇"的一声口吐鲜血。蒋玄晖抽出佩剑,拼尽全力一脚将院门踹开,裴贞被撞倒在地。

李渐荣被裴贞那声惨叫吓得不轻,壮着胆子开门察看,只见刀光剑影,一个穿着银色盔甲的将军率领数十名甲士破门而入。那将军正是蒋玄晖,他一眼便望见李渐荣,厉声道:"敢问昭仪娘娘,陛下可在寝宫?"

李渐荣满脸通红:"陛……陛下不在……"

"给我搜!"蒋玄晖显然不信,做了个手势,手下甲士见状便朝寝

野心弑主

宫扑去。

"住手!"寝宫内传来一声严厉的训斥,迅速阻止了甲士们行动的步伐。

蒋玄晖心中一凛,只见一个高高瘦瘦的男子,模样清秀,唇上一撮胡髭,身穿赤黄色圆领龙袍,腰间系着一条九环带,脚踏六合靴,从容走出寝宫。此人正是李晔。

"将军这是做甚? 想造反吗?"李晔厉声质问。

蒋玄晖也不甘示弱,揶揄道:"末将岂敢,但奉命送陛下上路!"

李晔倒也没有太震惊,当了这么多年傀儡皇帝,他也早料到了今天的下场。悲剧降临之前,他每天都生活在恐惧之中,真到了这一刻,反倒释然了。

"奉谁的命?"李晔下意识问道。见蒋玄晖默然不语,李晔又道:"你不说朕也知道,是梁王朱全忠,朱全忠狼子野心,早想对朕下手了。"

蒋玄晖冷笑道:"既然陛下都知道了,就别怪末将了!"

李晔长叹一声:"朕自当一死,他朱全忠要谋朝篡位,如何还容得下朕?"

说罢,李晔又含情脉脉地望了两眼李渐荣,以恳求的语气对蒋玄晖道:"男人间的事不应牵涉女人,爱妃与此事无关,朕走之后,将军可否让梁王善待爱妃?"

李渐荣闻言,娇躯一震,险些瘫倒在地,两行热泪汩汩流淌,哭得撕心裂肺。没等蒋玄晖表态,她冲出寝宫,哽咽道:"臣妾不要离开陛下,如果陛下走了,臣妾也不愿苟活。"

"爱妃,这不关你的事,你又何必陪朕去死!"李晔心痛极了,强忍住眼眶中打转的泪水,一把搂住李渐荣,让她依偎在自己怀中。

"陛下待臣妾情深义重,陛下不在了,臣妾活着还有什么意思啊!"

李晔感动得无语凝噎,半晌说不出一个字来,只是把李渐荣抱得更紧了。

蒋玄晖毕竟不是没心没肺的木人,面对这对特殊恋人的生离死别,也不免为之动容,他淡淡道:"昭仪娘娘是死是活,全在陛下,只要陛下识时务,梁王何必难为娘娘。"

"如此便好。"

"陛下还有何话想说?"

李晔面如死灰,迟疑了片刻,道:"事已至此,朕无话可说,只望将军信守承诺,不要为难爱妃。"

蒋玄晖利落地拔出长剑指向李晔,冷冷道:"那末将就送陛下上路了。"

"不劳将军动手,朕自行了断。"此话犹如一道惊雷,在场之人无不心中一凛。

就在这时,一个娇柔而绝望的声音突然在院子里响起,又令在场之人无不大惊失色。

原来,李渐荣见李晔已无活路,不想看到李晔死去,只想先行一步为他殉节,也好在黄泉路上做一对苦命鸳鸯。她迅速地挣脱李晔的怀抱,泣声道:"臣妾先走一步。"便朝蒋玄晖的剑锋上撞去,玉颈被划开一个两寸长的口子,当时鲜血四溢。李渐荣倒在地上痛苦地抽搐了几下,便断气了。

蒋玄晖也有些震惊,他没想到这个女子如此刚烈,下意识地后

野心弑主

退了几步。李晔大叫一声"不要"，发了疯地冲上去抱紧血泊中的李渐荣，脸颊紧贴着她尚有余温的额头，号啕大哭："爱妃，你这又是何苦呢？是朕没用，是朕对不起你，你放心，朕不会让你在黄泉路上孤单的。"

皓月当空，把死寂的院子照得更加惨白，阴冷的秋风又倏然而至，吹乱了李晔的发髻，老槐树被吹得婆娑作响，满地的落叶被秋风席卷，像无归的鬼魂一样在半空中孤零零地飘荡。时光仿佛在这一刻凝固，在场的人都收敛了杀气，像木人一样呆立一旁，没有谁想要打扰李晔与李渐荣的亡魂告别。

过了许久，李晔缓缓起身，犹如一具站立的尸体，面无血色，抬头仰望那轮皎洁的圆月，高冷的寒光泼洒在他苍白的脸上，显得那么阴森可怕。他突然诡异地眨了眨眼，似乎在玉盘中看到了李渐荣少女般羞涩的微笑，这使他嘴角泛起了一丝狰狞的笑意。

又过了一会儿，他变得有些神经兮兮，语调怪异地碎碎念着"朕该走了"，有气无力地望了两眼院子里的歪脖子老槐树，然后使出浑身力气一头朝它撞去……

"陛下……"正在这时，不知又从哪里突然传来一个妇人凄厉的尖叫声。

兔死狗烹

蒋玄晖等一行人逼死李晔,做贼心虚,陡然听到这声尖叫,心里毫无半点防备,一个个面色惨白,被吓得不轻。不过这种害怕并没有持续多久,只一会儿,这群人悬着的心又生起杀气,虎视着院里的西北角——老槐树下。

老槐树下流淌着殷红的鲜血,血泊里躺着一具满脸血迹的死尸,那正是撞树自杀的李晔。李晔的尸体旁,跪着一个披头散发衣冠不整体态略为丰腴的妇人,众人都满脸疑色,谁也不知道那妇人究竟从哪出来的,只知道李晔撞树后,她便从偏房一侧发疯似的冲过来,边跑边凄厉地喊着"陛下"。

蒋玄晖感觉这个妇人似曾相识,他忐忑不安地走近这妇人,仔细端详,一头乌黑的长发半遮着一张有些婴儿肥的俏脸,淡淡的柳叶眉下是一双哭红的大眼睛,高高的鼻梁下那张樱桃小嘴不时抽搐,更增添了这个妇人的柔弱,真让人不由得生出几分怜爱。蒋玄晖却不禁打了个寒战,这妇人不正是李晔的正妻,当今皇后何氏吗?她怎么突然出现在这里?

"皇……皇后娘娘?"蒋玄晖望着妇人那张苍白的脸,满脸惊讶地吐出这几个字。

武士们听说这个妇人是皇后,顿时炸开了锅,逼死了皇帝,还留着目睹惨案现场的皇后干什么? 众人都以为蒋玄晖会对何皇后下手,院子里生起腾腾杀气,一个二十多岁叫史太的牙官右手按剑,只待蒋玄晖一声令下便冲上去杀了皇后。

然而蒋玄晖并不想惹事,他此行的目的只是对李晔下手,实无处死这个软弱的皇后的歹心。他见史太蠢蠢欲动,担心会惹出什么祸端,连忙示意他不要轻举妄动。过了一会儿,蒋玄晖仗着何皇后懦弱,虚情假意地宽慰道:"昭仪娘娘突发顽疾去世,陛下悲痛不已,为昭仪殉情自尽,还望皇后娘娘节哀。"

何皇后若有所思,回头瞅了两眼横卧在血泊中的李渐荣,清晰地看见她玉颈上的那道剑痕。她顿时浑身战栗,心脏怦怦地跳个不停,好不容易才壮着胆子,蠕动颤抖的红唇,轻声对蒋玄晖道:"可……可是妹妹的脖子怎么会有剑痕?"

"皇后娘娘,不该你知道的你最好别问,你只记住一条便是:昭仪娘娘突发顽疾病逝,陛下不胜悲痛,为昭仪娘娘殉情了。如果娘娘干涉得太多,那微臣就不敢保证您会不会为陛下殉情了。"蒋玄晖加重语气,似乎在威胁何皇后。

何皇后瘫在一旁,惊恐得不敢再发一言,只是一味地抽泣。蒋玄晖稍稍作揖,率兵扬长而去。

次日拂晓,有宫人慌慌张张地跑向梁王府邸,将李晔殉情的噩耗禀报朱全忠。朱全忠很早便起床了,他似乎在等着这个噩耗,然而他闻讯时的表情却是如此惊愕,让人感觉他对李晔的死一无所知。诚然,李晔的驾崩出乎许多人的意料,他正值三十八岁的壮年,做了十六年的窝囊天子都没寻过短见,怎么会为区区一个昭仪殉情?大唐自开国两百余年来,从未有天子为嫔妃寻短见,就连当年对杨贵妃爱得矢志不渝的唐玄宗也未曾如此。再者,李渐荣突发顽疾而死,这事情是不是太蹊跷了?

朱全忠也深知难以堵住悠悠众口,他似乎在酝酿着什么。须臾,他似喜似悲地对身边的武士说:"快去替本王把敬翔先生请来。"

敬翔是朱全忠帐下第一谋士,此人是个不第书生,但才华横溢,足智多谋。他生得慈眉善目,身材修长,褒衣博带,虽年逾五旬,但精力充沛,眼光炯炯有神,俨然一副大学问家气派。朱全忠虽素喜在人前掩饰,对敬翔却推心置腹,无话不谈,两人的关系正是常人所说的人前君臣,人后知己,一文一武,相得益彰。

此次朱全忠单独召见敬翔,自然是有要事商议,即如何处理李晔自尽一事。敬翔当时随朱全忠在洛阳驻守,对此事颇有耳闻,听下人禀报"梁王派人接老爷赴府中商议要事",心想一定与天子之死有关,当即差人备轿赶往梁王府邸。

待敬翔在梁王府仆人的指引下拜会朱全忠时,朱全忠身穿一件绛紫色蟒袍,早已在议事房中等候,并且支开了所有人。朱全忠见到敬翔,示意引路的仆人退下,微眯着双眼对敬翔道:"先生近来可好?"

敬翔戴着一顶青色幞头,身着浅灰色长袍,一身打扮虽然朴素,却给人一种儒雅、精神之感。见朱全忠向自己问好,他爽朗一笑:"梁王倒是悠闲得很啊,都这个节骨眼上了,还不忘跟老臣寒暄几句。难道梁王不知陛下驾崩之事？"

朱全忠会意一哂，叹了口气："唉，本王正是为此事才来劳烦先生。"

"梁王是否担心天下人怀疑陛下之死与您有关？"

"先生所言极是。不知先生可有何妙计让本王置身事外？"

敬翔迟疑了片刻，语重心长道："有些话老臣本不当说，但又不得不说，还望梁王不要见怪。老臣深知梁王心怀鸿鹄大志，但凡事都不可操之过急，谋事在人，成事在天，有些事情得顺势而为。现今梁国虽强盛，但也不足以号令天下，窥测神器之志断不可显露，不然必将成为众矢之的。各镇诸侯虽已不忠于唐室，但其在民间的威望并未完全丧失，将帅们往往假借朝廷的名义相互征伐。故而，梁王实不该急于逞志，置陛下于不可讳，暴露出改朝换代之志啊！这样势必会招致天下诸侯名正言顺地攻打我梁国。"

朱全忠会意地点了点头，道："先生所说，本王不是不知，所以才找先生商量对策。"

"既已知晓，梁王何必如此？"敬翔惋惜不已，"事已至此，若想避免各镇诸侯生疑，我们所要做的，就是让他们找不到出兵的借口。"

"那先生的意思是？"朱全忠心急如焚，"只要能退敌，本王一切听从先生吩咐！"

"丢车保帅，另立新君！"敬翔神神秘秘地说出这八个字。

朱全忠似懂非懂，问道："先生不妨明说。"

敬翔道："兹事体大，如果对外宣称陛下为昭仪殉情而死，老臣猜想这天下无人会相信。故而，为了保住梁王的声誉，陛下之死必须由一人承担。此外，您还须挑选皇室子弟继承皇位，向天下证明您没有代唐自立之心。如此，天下诸侯虽未必相信，但也难以鼓动天下人将剑锋直指梁国，加之我梁国兵强马壮，他们最多虚张声势而已，不敢轻易开战。"

"此计妙是妙，但本王让何人承担，又以何罪名处置？"

敬翔生性谨慎，尽管朱全忠已支走旁人，但他仍唯恐隔墙有耳，于是靠近朱全忠附耳低言，将详细计划告知于他。

洛阳宫殿里，气氛悲凉，处处缟素，昭宗安详地躺在梓棺中，何皇后及各妃嫔、皇子跪在梓棺旁一个个哭得泪人儿似的。朱全忠身着孝服，率领蒋玄晖、朱友恭等入宫拜祭李晔，霍然匍匐在李晔灵枢前，放声大哭。

一阵挥泪如雨后，朱全忠抽泣着询问跪在一旁哭得声嘶力竭的何皇后，道："陛下龙体向来安康，何以忽然驾崩？"

何皇后犹豫了片刻，吞吞吐吐地说道："此事另有隐情。"

蒋玄晖随声嗔视何皇后，目眦尽裂，何皇后娇躯一震，欲言又止，一味地抽泣。

朱全忠似乎已察觉到了什么，他转过身来示意蒋玄晖等不要轻举妄动，又安抚何皇后道："陛下既已殡天，还望娘娘节哀，莫伤了凤体。但陛下之事，臣始终觉得绝非殉情那么简单，此事必另有隐情。娘娘放心，这天下还是大唐的天下，您永远都是大唐的皇后，无须讳言，微臣看谁人敢放肆。"

何皇后早已被蒋玄晖的嗔视吓得三魂丢了二魂，尽管朱全忠婉言安抚她，但她仍然不敢当众指证蒋玄晖。她只是低着头一边抽

兔死狗烹

泣,一边用手帕拭泪,好一会儿,才敢缓缓地抬起头来,恐惧地望了望朱友恭身旁跪着的蒋玄晖,暗示朱全忠他就是逼死李晔的罪魁祸首。

此举正在朱全忠的意料之中,他之所以没有除掉何皇后,正是看中了她的天真与懦弱,这样的皇后不仅不会威胁到自己的权势,反而能成为任他摆布的傀儡。得到何皇后的暗示,朱全忠当时火冒三丈,大喝一声,命左右将朱友恭拿下,押赴刑场就地正法。

受了惊吓的何皇后两股战栗,两片朱唇不断地抽搐,不敢也根本无法表达自己的质疑。她大惑不解,自己明明暗示朱全忠逼死李晔的是蒋玄晖,为何朱全忠却命人将朱友恭拖出去斩首,难道是他误解了自己的意思? 只是她不明白,在朱全忠看来,蒋玄晖虽然心狠手辣、忘恩弑主,但他为人精干、办事果断,又没有越俎代庖、欺主不臣的野心,还颇具利用的价值。但朱友恭不同,此人自恃为朱全忠的养子,素来张扬跋扈,加之能力不及蒋玄晖,朱全忠便产生了李代桃僵的念头。

伴随着朱全忠的一声令下,两名身材魁梧的披甲武士夺门而入,冲上去便将还跪在地上的朱友恭架住。朱友恭惊慌失措,大惑不解,边挣扎边问朱全忠:"父王这是为何? 儿臣何罪之有?"

朱全忠冷冷地道:"恭儿你太放肆了,现在皇后娘娘指证你逼死陛下,父王只好依法办事了。"

朱友恭闻言,怒目嗔视着何皇后,厉声道:"你个贱女人,你含血喷人!"

何皇后吓得不知所措,脑子一片空白,她怯怯地瞅了两眼蒋玄晖，欲言又止。朱全忠见状，赶忙咆哮道："朱友恭你好大的胆子，竟敢辱骂皇后娘娘！"

说罢，朱全忠又怒视着架住朱友恭的两名武士，厉声道："还不快把逆贼朱友恭拖出去斩了！"

"遵命！"武士们应声而答，便想把朱友恭拖出灵堂。

朱友恭心往下一悬，不禁背脊发麻，他觉得朱全忠的话并非做戏，但又不明白朱全忠为何要置他于死地，他试图做垂死挣扎。他朝朱全忠叫嚣道："父王何必听信妇人之言，这天下还不是父王说了算吗？只要父王……"

"放肆！"朱全忠赶忙打断朱友恭，唯恐他说出不该说的话，怒吼着命令武士，"还不快把这个乱臣贼子拖出去，难道还要本王亲自动手不成！"

看到朱全忠如此坚决，武士们不再有所顾忌，毫不留情地将朱友恭拖出了灵堂。朱友恭乘机利用被拖拽出殿的片刻，试图向蒋玄晖求救，因为他知道正是蒋玄晖逼死李晔，他试图激起蒋玄晖的恻隐之心，使他劝朱全忠网开一面。

蒋玄晖果然动了恻隐之心，但他终究不敢替朱友恭求情，他又有什么资格求朱全忠呢？逼死李晔的可是他蒋玄晖。于是，蒋玄晖匍匐在地上，装聋作哑，一言不发，这让朱友恭心生绝望。

临刑时刻，朱友恭凝望着血红的残阳，长叹一声："自作孽不可活啊！"

说罢又是一阵冷笑："哈哈哈哈……朱全忠，别以为你控制住了我们这些将领的家眷，让我等投鼠忌器，就可以欺骗天下人！苍天

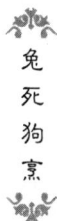

兔死狗烹

有眼,人在做,天在看,你会遭报应的!"

笑声过后,朱友恭从容地对行刑的武士道:"动手吧!"武士闻言,手起刀落,身首分离的朱友恭随之倒地,唯有那四溅的鲜血与血红的残阳融为一色,在腥风血雨中,共同迎接帝国的黄昏。

懦 主 践 祚

朱友恭之死，朱全忠既在何皇后面前扮演了一番大忠臣，又推卸了李晔之死的罪责，可谓是一举两得。然而形势不容乐观，何皇后区区妇人容易诓骗，但各路藩王个个皆是人精，他们岂会轻信朱全忠的片面之词？这些在权谋中历练过的军阀头子，猜忌之心尤重，即便你朱全忠清白无辜，他们也会阴险揣测，以莫须有的罪名号令天下群起而攻之，何况你老朱本来就不清不白。

这一点朱全忠心知肚明。在他看来，接下来亟待解决的事情便是另立新君，只要确立了一个傀儡皇帝稳定政局，向天下表明自己没有篡唐自立的狼子野心，到时纵然有藩王以如山铁证控告他默许下属逼死李晔，恐怕一时也奈何他不得。一来，朱全忠拥有人数众多、装备精良、作战骁勇的军队；二来，确立了傀儡皇帝的他挟天子以令诸侯，哪个敢贸然与朝廷作对？

关于另立新君之事，也绝非易事，毕竟朱全忠需要拥立的是个名不副实的皇帝，也就是说他需要的只是个任他摆布的傀儡。所幸敬翔早已替朱全忠物色好人选，最适合做傀儡皇帝的莫过于昭宗的第九子辉王李柷，此人年仅十三，生性懦弱、资质平庸，关键是他还有个同样懦弱平庸的母亲——何皇后。朱全忠对这个未来的大唐天子十分满意。

为此，他就地与何皇后商议："国不可一日无君，大唐数百年的基业总得有人继承，娘娘心中可有合适人选？"见何皇后满脸茫然，朱全忠不急不慢，"娘娘有用得着微臣的地方，尽管吩咐。"

"不知梁王有何高见？"何皇后脱口而出，似乎她对此早已深思熟虑，将遴选嗣君之事委托给朱全忠。这一点她倒是聪明，自己虽贵为皇后，但不过是徒有虚名，确立嗣君之事终究得由权臣拍板，擅自决断恐惹祸上身。既如此，谁能保证这个懦弱天真的贵妇果真对朱全忠的赤诚忠心深信不疑？

朱全忠此刻正得意于他天衣无缝的计谋，故作凝重的面庞也无法掩饰他内心的窃喜，只见他稍整仪容，叩首道："微臣冒死进谏，立先帝第九子辉王李柷为嗣君，不知娘娘意下如何？"

何皇后怔了半晌，半信半疑地问道："梁王的意思是立柷儿为帝？"

"正是辉王！"朱全忠边作揖边回答。

何皇后确信没有听错，苍白痛楚的面容突现一丝红润，茫然的内心也迎来了久违的慰藉，她含泪哽咽道："既然如此，那柷儿就全仰仗梁王辅佐了。"

"谨遵娘娘懿旨！依微臣看，此事不宜拖延，以免再生枝节。臣这就回府准备一切，明日便拥立辉王即位。"见何皇后颔首默许，朱全忠深知奸计得逞，窃喜不已，叩拜而别。

翌日拂晓，朱全忠率领敬翔、蒋玄晖等一干大臣，浩浩荡荡地入宫拥立辉王李柷。此时的李柷仍畏畏缩缩地躲藏在椒房殿，依偎在生母何皇后的怀中，他正为父皇的死而悲恸不已，根本无心参加什么登基大典，尽管他暂时还不知道真正的主角并非他自己，而是野心勃勃的梁王朱全忠。李柷这孩子，面容清瘦，怯懦的双眸里丝毫没有少年的神采，平素就是一副蔫头耷脑的模样，悲伤时则更显病态。

当朱全忠派去迎接李柷的蒋玄晖抵达椒房殿时，李柷泣不成声，多愁善感的他似乎在潜意识里已察觉到，此次即位并非他九五之尊、万民臣服的帝王生涯的肇始，而是时刻被监视掣肘的特殊牢笼生活的开端。

蒋玄晖显然毫不在乎李柷的感受，他面无表情，庄重地说道："梁王与众大臣都在乾元殿恭候辉王殿下，臣蒋玄晖恭请殿下移驾乾元殿即天子位！"

李柷一阵心悸，他显然被蒋玄晖的严肃吓到了，在侍从的引领下颤颤巍巍地入内整理仪容，何皇后也在另一群侍从的服侍下穿着礼服。过了好一会儿，何皇后头戴凤冠、身着华美的凤纹宽袍，在侍从的搀扶下从右侧的厢房中缓缓地登上辇车。俄顷，头戴龙纹通天冕、身着衮龙袍、脚踏龙纹靴的李柷也在宦官宫女们的前呼后拥之下，战战兢兢地登上了辇车。蒋玄晖随即示意队伍向乾元殿出发。

乾元殿外，彩旗飘摇，三军将士身披戎装，个个威严肃穆，神采奕奕，立于殿外广场的通衢两旁。朱全忠率领着一班文武大臣早已列成两队，在大殿门口恭候。须臾，只见李柷的辇车从不远处缓缓驶来，三军将士异口同声地呼喊"赫赫始祖，佑我大唐"，喊声如山呼海啸，响彻寰宇。待到李柷与何皇后下辇车时，朱全忠举起双手示意将士们肃静,他庄严地朝李柷作了个揖,道:"臣朱全忠率满朝文武,恭迎辉王殿下,请殿下入殿登基,如此大唐有继,苍生有望!"

说罢,朱全忠随即下跪,以表忠心。满朝文武见权势熏天、高深莫测的梁王下跪,登时随之跪下,且匍匐叩首,不敢抬头张望。如果我们把镜头对准朱全忠的上半身,他身后匍匐着的满朝文武像是在给他行礼,因为朝中大臣只有朱全忠一人只下跪不叩拜,连身着戎装的将士们也不得不单膝跪立。

李柷只知其一不知其二,他顿时感到自己的形象伟岸起来。何谓天子,天子就该享受这种万民臣服、山呼万岁的尊崇,天子便是一言九鼎、扬名宇内。可惜李柷并不算名副其实的天子,他只是给朱全忠篡唐过渡的傀儡,他先前还隐隐有所察觉,如今却被不实的表象蒙蔽了双眼,实际上他所谓的受人尊崇不过是狐假虎威而已。

此时的李柷信心上涌,但懦弱的本质不可能使他变得真正强大,他仍然有点儿恐惧,有点儿怯场。他不敢正视那个深不可测的梁王,目光斜视,胆怯地望了两眼,进而以稚嫩的声音说道:"众卿家都平身吧。"

言毕,便与何皇后入殿。朱全忠见状随即起身跟随,众大臣则自觉地跟在梁王身后,按原队形在乾元殿内排列。李柷与何皇后在宦官的搀扶下登上殿堂,李柷入座在宽大舒适的龙纹黄金椅上,何皇后则坐在右侧稍小的凤椅上。众大臣见新天子与太后入座,不约而同地下跪,并高呼"恭贺陛下践阼九五,吾皇万岁万万岁"。

李柷仍旧用他那稚嫩的声音宣布"平身",在他的示意下,大殿上那位身材微胖、神采奕奕的老宦官才开始宣读朱全忠早已替李柷拟好的诏书:

"天命有变,昭宗皇帝中年晏驾,呜呼哀哉,诚为可悲。今朕践祚,感念皇后何氏生育之恩,特尊皇后为太后。然,太后妇人,不宜摄政,朕亦冲年,不详国事,欲托股肱,其人谁是?群臣屡谏,皆云梁王忠厚,贤才兼备,可托大事。朕寤寐三思,梁王乃三朝重臣,靖定巢患,辅佐先帝,其忠可嘉,其才可用。今朕以梁王太师,总领国事,凡朝中大小事务,皆由梁王决断,不必咨询朕意。钦此!"

众臣再次跪拜,"陛下圣明"。语音甫落,突然一名带刀武士急急忙忙、神色慌张地闯入乾元殿,令李柷及一干大臣又疑又惊,连朱全忠也不免皱起了眉头。"本王并不认识,谁人敢如此大胆硬闯乾元殿?"朱全忠在心里嘀咕。

剑 拔 弩 张

却说带刀武士硬闯乾元殿,让李柷、朱全忠及一干大臣都大吃一惊,朱全忠正欲大发雷霆时,带刀武士单膝跪立,急忙道:"启禀梁王、陛下,军情紧急!"

朱全忠舒展了眉目,不待李柷发问,抢先问道:"你且慢慢说来,究竟何事?"

带刀武士顿了顿,道:"末将乃大将军葛从周的亲兵,大将军派末将向梁王传达紧急军令。由于军情紧急,殿外的卫士们又不让末将入殿,末将这才硬闯进来,罪该万死,请梁王治罪。"

朱全忠若有所悟,道:"军情紧急,此事怨不得你。"言毕,又朝李柷作揖:"陛下,臣以为有逆贼作乱,请陛下容臣早退,回府商议军事。"

李柷颇觉尴尬,朱全忠在登基大典贸然退出,无疑让他这个新皇帝颜面无光。但他着实没有理由拒绝朱全忠,他也不敢违背朱全忠的意愿,他似乎从带刀武士敬畏朱全忠而忽视自己的表情中察觉出,这个皇帝并没有想象中的那么荣光。于是,他只能找个台阶给自己下,故作从容道:"梁王心忧国事,其心可嘉。朕今日为登基之事,甚为疲倦,想回寝宫休息,众卿家想必也劳累,都各自回府休息去吧。"

"谢主隆恩。"众臣礼节性地答复后,徐徐退去。朱全忠不敢疏忽片刻,在退朝回府的途中就急切地询问带刀武士,"是不是各路藩王要造本王的反?"

带刀武士道:"梁王圣明,晋王李克用得知先帝殡天,以'清君侧'为名,伙同岐王李茂贞、蜀王王建、吴王杨行密等诸王,说是要杀入洛阳,剿灭奸贼,拥立新君。诸王来势汹汹,即将抵达荥阳,大将军不敢贸然行动,故派末将请梁王移驾荥阳。"

"你的意思是,诸王还不知本王拥立新皇登基的消息?"

"正是。"

朱全忠长吁一声:"看来事情还有回旋的余地。"转而又叹了口气,"只是这李克用是本王的宿敌,不太好对付啊!"

李克用何许人也,竟让朱全忠这等奸雄也忧虑重重?李克用乃沙陀人,别号李鸦儿,因其父朱邪赤心被唐僖宗赐名李国昌,故而使用了汉人名讳。此人骁勇善战,虽然有一目失明,但箭术精湛,逢战多胜,十五岁便随父亲李国昌征战,人送外号"独眼龙",军中将士皆视他为"飞虎子"。当年朱全忠与他并肩讨伐伪齐黄巢,两人同心协力,立克强敌,也有过一段蜜月期。只因李克用桀骜难驯,且随着讨伐黄巢势力日趋强大,朱全忠担心他最终会对自己构成威胁,便摆下鸿门宴邀他赴宴,企图乘其酒醉将他刺杀。怎奈李克用福大命大,在仆人的帮助下躲过了这一劫,并从此与朱全忠结下了梁子。

李克用此番发兵攻梁,复旧仇是为其一,其二便是与朱全忠争夺天子的拥立权,尽管他没有篡唐自立的野心,但也渴望挟天子以令诸侯,借助唐朝的余威扩充实力,以便效仿齐桓公、晋文公做个尊王攘夷的霸主。其余三位藩王,起兵伐梁的劲头倒是挺激烈的,但大多只是打着"勤王锄奸"的幌子,心底却是各怀鬼胎。

岐王李茂贞,深州博野人,原名宋文通,早年投戎博野军任队长,作战勇猛,屡立战功,后因击败黄巢麾下名将尚让而官拜神策军指挥使。光启二年,宋文通因护卫唐僖宗有功,受封武定节度使,被赐名为李茂贞。后又加封为凤翔、陇右节度使。此人野心勃勃,曾屡次劫持唐昭宗,昭宗被逼无奈赐封他为岐王,但内心深处对他恨之入骨。此番合纵伐梁,李茂贞意在分割朱全忠的国土,但尚有自知之明,没有篡唐野心。

蜀王王建,许州舞阳人,出身无赖,以杀牛、偷驴、贩卖私盐为业,被乡人称为"贼王八"。唐僖宗年间黄巢为患,王建加入忠武军讨贼,因作战有功升任忠武八都将之一,又因护送唐僖宗回京有功担任神策军将领。然而不久被排挤出朝任利州刺史,之后不断发展,直至投奔成都而攻占西川,被朝廷封为西川节度使。在这以后,王建不断兼并蜀中各地,成为名副其实的蜀王。此番攻打朱全忠,王建意在窥视中原,以图伺机而动。

吴王杨行密,庐州合肥人,幼时丧父,家庭贫困,其人身材伟岸、孔武有力,曾参加江淮群盗造反,被俘后因相貌奇特被释。之后他应募为州兵,在更换戍地期间斩杀厌恶他的军吏,驱走刺史,占据庐州。中元三年,无力南顾的唐王朝只得承认事实,封杨行密为庐州刺史。在这以后,杨行密招降纳叛,大举兼并,基本上占据了江淮以南一带的土地,于天复二年被唐昭宗封为吴王。杨行密此人以宽仁雅信著称,虽起自盗贼,但手底下人皆乐为差遣。他占据江淮,短时间内自然没有篡唐自立之心,此次响应李克用的号召讨伐朱温,不过是虚张声势向朝廷表忠心而已。

总的来说,这支诸侯联军并不稳固,只要朱全忠应对得当,就完全有可能化解危机。朱全忠当时虽也有六七成把握兵不血刃劝退联军,但生性谨慎的他仍一刻也不敢掉以轻心,将洛阳的政事全权委托给敬翔后,即挑选一支数百人的精骑,马不停蹄赶赴荥阳。

荥阳守将葛从周得知朱全忠驾临,亲率一队亲兵前往荥阳城二十里外迎接。葛从周生性稳重,他只带几个亲兵亲自迎接朱全忠,一来是向这个多疑的主子表忠心,二来则是向朱全忠证明荥阳城尚且安稳,至少方圆二十里内没有任何敌人,希望他冷静下来沉着应对。朱全忠聪明过人,加之他对葛从周的了解,一眼便看出了这个满脸虬髯不怒自威的猛将的心思,顿时舒展了眉目,策马驰入荥阳城内。

荥阳城三十里外诸侯联军扎营处,是一片开阔地带,一二十万大军聚集于此,大小不等的军帐足有数千个,加之火头营的炊烟袅袅,好似一个居民聚落。营地内将士们披甲执戈,按时操练,动作整齐划一,喊声如雷,颇有气吞山河之势。这气势足以让四周的生灵屏声息气。在营地中部最大的中军大帐里,晋王李克用正与岐王李茂贞等商议军情,这时突然有个偏将入帐禀报敌情:"启禀晋王,梁王朱全忠已抵达荥阳。"

"什么?朱全忠抵达荥阳?你有没有弄错,他何时到的?"一个身高六尺有余、穿银灰色战甲的猛将大吃一惊,不由得从座位上跳将起来,此人正是晋王李克用。他知道朱全忠一旦赶到荥阳,事情就变得棘手了。

偏将道："应该不会有错,消息来自末将派去荥阳城附近刺探敌情的斥候,说是梁王朱全忠昨日就已抵达荥阳城。"

"那朱全忠带了多少兵马?"

"这个末将倒是不知,不过据斥候所报,荥阳城内并无增兵的迹象。"

李克用点了点头,从容地入座,道："你且退下吧,本王知道了。"

"是!"偏将行了个拱手礼,左手按剑,大步迈出中军大帐。

这时,一个身高接近六尺、方形脸、丹凤眼的长须汉子有些按捺不住了,他急速道："不如我等乘朱全忠新到荥阳城,杀他个出其不备,若贻误战机,等朱全忠老儿做好防备,这仗就不好打了。"

李克用闻言朝右手方看去,只见这男子仪表堂堂,正是岐王李茂贞。李克用会心一笑,从容道："岐王言之有理,不如我等明日便领兵攻打荥阳,诸王意下如何?"

不料此言却让一个身披玄铁战甲的将军如坐针毡。此人身材修长,面容略有些黝黑,两腮上长满了稀疏的虬髯,坚硬的髯须犹如棘树上扎人的刺,使此人颇有些不怒自威的霸气。李克用见此人有话想说,便问道："吴王可有异议?"

"本王以为不妥。"虬髯将军正是吴王杨行密,他本就没做与朱全忠鏖战的打算,响应李克用出兵只是沽名钓誉罢了,于是开口便否决了李克用的建议："我等驻军于荥阳、汴州之间,而汴州乃朱全忠的老巢,若我军挥师攻打荥阳,朱全忠从汴州调兵支援,便与荥阳城内守军形成里应外合之势,如此我军势必危矣!"

李克用如醍醐灌顶,欣然道："吴王所说也不无道理,朱全忠老奸巨猾,此次他没有引兵入荥阳,未必不是想好了里应外合之计。只是一点,我军若不攻城,如何能教训朱全忠老贼?"

杨行密早已料到李克用会有此一问,开怀一笑,道:"行密早有打算,我军围而不攻,朱全忠不知内情,必不敢贸然采取行动。待荥阳城内粮草告罄,军心纷乱时,我军一鼓作气,便可将其攻下!"

"若是朱全忠识破计谋,采取行动,引汴州兵马增援荥阳,又该如何是好?"李克用左下方那位披绛红色战袍满脸络腮胡的将军有些不甘寂寞,突然发问。

杨行密抬头望去,见此人身长五尺七八,瘦削的脸盘上长着一双神采奕奕的眸子,正是蜀王王建,便从容道:"无妨,我军只需抽出部分人马,开往汴州附近,监视梁王的动向便可。"

李克用一锤定音:"本王看吴王此计可行,明日依计行事,不知诸位可有异议?"

诸王皆应声称是。事实上,杨行密此计看似天衣无缝,实则乃消极避战之下策。且不论朱全忠是否考虑过与汴州梁军里应外合,诸侯军所携带的军需物资未必比荥阳城守军的充足,既如此,诸侯军有什么资本围而不攻? 怕就怕荥阳守军还未遭遇粮荒,诸侯军这边就已出现粮草危机,不战自溃了。

当时诸王之中,李克用是个大老粗,虑事不周,李茂贞听说即刻强攻荥阳可能会腹背受敌,便也一时胆怯萌生了消极围困的念头,而王建出兵的主要目的是窥视中原,并没有下定决心与朱全忠拼死一战,见杨行密、李克用主张围而不攻,便没有多想,这才让杨行密的自保之术得逞。

其实,朱全忠因为原本就没打算与诸侯军大动干戈,见荥阳城

剑拔弩张

守军也有不下八万，所以接到葛从周的战报后，他只是急着奔赴荥阳坐镇，安抚军心，除了那支数百人的精骑，根本没想过调动汴州的一兵一卒。他一时也未曾想过里应外合之计，若李克用以绝对兵力优势强攻荥阳，不敢说出师必胜，但荥阳城势必危如累卵。可惜他前怕狼后惧虎，采纳了杨行密的拙计，最终贻误战机。

话说诸侯军自采取杨行密围而不攻的战术，二十万大军随即拔营而动，向荥阳城层层推进。朱全忠与葛从周登上城楼，见前方黑压压的一片，诸侯军声势显赫，杀喊声惊天动地，步伐齐整，卷起漫天尘土，如潮水般倾泻而来，不由得头皮一阵发麻，以为大战一触即发，连忙令将士们做好战备。

然而令朱全忠费解的是，诸侯军行进到距城门三五里处时，便安营扎寨停滞不前了。朱全忠起先见诸侯联军围而不攻，以为在等待援军，情急之下倒也想过引汴州兵来援。只是这一来诸侯军将荥阳城围个水泄不通，求援的使者难以冲出敌军的重围，万一被李克用等人察知，反而泄露了底细；二来朱全忠隐隐中总觉得事有蹊跷，诸侯军围而不攻已近一月，按理说若有援军早该到了，既如此，敌人又怎会继续围城？以李克用的急躁脾气，若诸侯军有必胜的把握，早就挥师杀将过来，断然不会隐忍至今。但如果诸侯军无必胜把握，要么冒险一搏，要么速速退兵，何必在此停驻不前，白白地消耗粮草？

朱全忠为此事一连几日茶饭不香，冥思苦想，但始终想不出个所以然来，只能揣测诸侯军畏惧自己，而一时没有决战的勇气。但他又不确定，遂遣人召葛从周商议军情，想咨询下这位久经沙场的猛将有何高见。

大约一个时辰后，葛从周身着戎装在武士的引领下拜见朱全忠：“梁王召末将所为何事？”朱全忠见人便道：“将军无须多礼，本王今日召将军来，是想询问将军对当前战事有何高见，还望将军不吝赐教。”

　　“诸侯军只是围而不攻，倒没有什么动静。”葛从周满脸狐疑，“据斥候探知，各路诸侯军累计不下二十万，兵精将勇，粮草充足，来时气势汹汹，却不知这时为何不战了？莫不是他们得知梁王已亲自坐镇荥阳，不敢贸然进攻？”

　　朱全忠将了将颔下的浓须，瞅了两眼屋顶，道：“将军所说不无道理，但凭晋王李克用的为人，若非有特殊的原因，他也用不着畏惧本王，何以迟迟不敢攻城？”朱全忠的分析不无道理，他与李克用皆是勇冠三军的猛将，在讨伐黄巢的战争中因功封王，若说别的诸侯畏惧他的骁勇，倒是事实，可李克用素来勇猛敢战，常以寡击众，连横扫天下的黄巢亦是他的手下败将，如何今日率四路诸侯之雄狮却反而胆怯起来？

　　葛从周亦是百思不得其解，君臣之间一时相顾无言。须臾，朱全忠漫不经心地问道：“近来诸侯军围得紧，依将军看，本王若是派出一支人马乘机突围至汴州求援，可行否？”

　　“原来如此！”葛从周眼眸里精光一闪，兴奋得几乎跳将起来，“梁王不必求援，求援必败，坚守才是取胜之道！”

　　朱全忠大惑不解，他之前所担心的便是突围不成，使者被敌人俘虏变节，将荥阳城的防守情况悉数告知李克用，于己很不利。但若是能够突出重围，征调汴州兵支援，倒是极有可能解荥阳之困。如今葛从周却说求援必败，他却是丈二和尚摸不着头脑，只得讪笑

道:"将军何出此言?"

葛从周恍然大悟,识破了诸侯军围而不攻的用意,不免有些激动,他故弄玄虚道:"幸得梁王一言,末将突然有所醒悟,晋王等为何围而不攻?因为晋王是在'以围为攻'。"

"此话怎讲?"朱全忠似乎被葛从周弄糊涂了,围便是围,如何又叫攻?

"晋王不敢贸然攻城,故而采取围而不攻的战术,企图将荥阳城困死。待到我军粮草告罄、军心不稳时,他再率大军猛攻,便可轻而易举拿下荥阳。"

"此计平常倒是可行,只是李克用素来急躁,怎会采取这等计谋?"

葛从周应声便答:"梁王不是说要征调汴州兵增援吗?梁王能想到,晋王李克用自然也能想到,正因为如此,他便不敢贸然攻城了。以末将猜测,晋王见梁王从容坐镇荥阳,便以为梁王您已经与汴州兵合计好,只待诸侯军攻城,便与汴州兵里应外合,夹击诸侯军。晋王既有此顾忌,自然不敢贸然来攻,故而采取围而不攻的战术。"

朱全忠如梦初醒,为挽回思虑不周的尴尬,他一番抢白道:"将军所言极是,本王这几日思绪烦乱,竟不曾想到这点。幸而本王没有派使者突围求援,否则晋王必然察知我没有布下里应外合之计,则必然挥师攻城。现如今我荥阳粮草充足,却是晋王等人所不知的,他们如何能困死本王?本王只需坚守,让晋王等浑然不知,坚持其围攻不攻的策略,到时本王倒要看看军中闹粮荒的是谁!"

"梁王英明!"葛从周朝朱全忠作了个揖,说了些奉承话,以满足他极大的虚荣心。

时光荏苒，不知不觉又过了十余日，荥阳城内没有丝毫异动，朱全忠仍然每日笙歌艳舞，倒是把李克用愁得寝食难安。由于近几日粮草不济，诸侯军中已出现不同程度的骚乱，李克用连斩寻衅滋事者数人亦不能止。

杨行密见军心不稳，窃喜不已，便开始怂恿诸王退兵。李克用正为粮草之事发愁，见杨行密一心一意打退堂鼓，不免抱怨，道："吴王当日只道围而不攻之计可行，如今我军白白耗费了粮草，却未损伤朱全忠分毫，可曾汗颜否？"

"此计倒是可行，怎奈晋王舍不得下老本儿，梁王那边还没出现粮荒，我军倒先被粮草困住了。"杨行密眼珠一转，"晋王若想继续围城，只需供应三军粮草，若能再持续数月，行密担保梁军不战自溃！"

李克用"哼"了一声："吴王倒是挺会算计的，自出兵以来寸功未立，却打起了他人粮草的主意来。本王倒也绝非吝啬之人，只是我那河东地狭民少，如何供得起这数十万大军？诸王可否略微体谅下克用？"

李克用此言，摆明了是说还得继续围困荥阳城，但若想叫他一人供应军粮，却是门儿都没有。杨行密是铁了心不想与朱全忠鏖战，所谓建议李克用供应全军粮草也是逼他知难而退，如今他却借口地狭民少强迫诸王"自费出征"，杨行密当即表态反对："淮南离此甚远，且近年来百姓歉收，确实无力承担攻伐之费。"

蜀王王建见杨行密拒绝，心想这讨伐朱全忠一事是你李克用怂恿，如今我等粮草告罄，你李克用的河东离此地最近，理应为我等提供军需物资，为何要劳我从千里之外征粮？便以蜀地路途遥远为由

婉拒。唯有岐王李茂贞一言不发,不置可否。

荥阳城元帅府中,朱全忠笑意盈盈,欣然询问前来禀告敌情的斥候:"诸侯军中出现了骚乱,李克用连斩数人不能制止,此事当真?"

斥候道:"启禀梁王,此事千真万确,小人愿意用头颅担保!昨日小人一行人在刺探敌情途中遇到了几个潜逃出军营的淮南军士,小人见他们身份可疑,又饥肠辘辘的,便送了他们一些干粮,顺便向他们打探情况。那几个军士倒也感恩,便把诸侯军中缺粮的情况一五一十地告诉小人了。"

"哈哈哈哈,天助我也!"朱全忠仰面大笑,"听着,你所说的若当真,本王重重有赏;但若敢欺骗本王,本王绝不轻饶!"

"小人不敢!"斥候双膝跪地,朝朱全忠行了个拱手礼。

"好吧,快去替本王传葛从周将军。"

"遵命!"斥候答毕即退。

不到一顿饭的工夫,葛从周便已来到元帅府,向正在堂中踱步的朱全忠行了个拱手礼,道:"敢问梁王,召末将前来所谓何事,可是敌方有了什么动静?"

朱全忠道:"将军说得不错,晋王军中出现了骚乱,本王打算邀晋王阵前谈判,劝退诸侯军,将军意下如何?"

葛从周顿了顿说:"此举似乎有些冒险,万一晋王……但若是游说成功,便是不战而屈人之兵,乃上策也!"

"将军无须担心,只要将军领兵在后方守卫着,晋王不敢奈我何。"朱全忠哂笑道,"况且,咱们的晋王是好面子的,借谈判之名搞偷袭的'诡计',他还干不来！在赶赴荥阳之前,本王早已令敬翔先生昭告天下,新任大唐天子乃先帝第九子辉王,以证明本王绝非篡唐之人,晋王等人的这面勤王大旗可是不灵了。"

"拥立先帝之子,瓦解晋王人心,梁王英明！"葛从周会心一笑,"诸侯军中骚乱,晋王欲战不能,然退兵也不是。勤王的旗号已经打出,虽人心不附,但怎可轻易收回？那样岂不是自证虚伪？世人皆知晋王好面子,此时是梁王给他台阶下的时候了。"

朱全忠闻言,脸色由晴转阴,阴鸷的目光里杀气重重,但不消片刻便转变了脸色,强颜笑道："知我者,将军也！还望将军派使者通知晋王,约他明日在荥阳郊外商谈要事,务必请他带兵前来,就说可证明他的忠心。"

葛从周不敢怠慢,辞别朱全忠刚回营,便令书吏按朱全忠的用意写好书信,并派亲信送至李克用手中。李克用虽是个勇猛率性的大老粗,但也知道朱全忠的用意,带兵赴会并不意味着朱全忠想与他一战。于是,在征得诸王的一致同意之后,他当即派使者回复朱全忠,表明愿意赴会商谈要事的态度。

第二日,朱全忠与李克用相会于荥阳城外十里的小树林附近,朱全忠单骑上前,身后是葛从周率领的五千装备精良的荥阳兵。李克用也挥鞭向前,后面跟着近万略显疲态、士气低沉的诸侯军。李克用的随从军队并非尽是河东兵,他刻意从诸王中挑选了一些士兵与他赴会,目的是让他们为自己做个见证,甚至将与会的情形传达全军。

季春的暖阳明朗和煦,婉转的鸟声犹如天籁,草木苍翠茁壮、欣欣向荣,朱全忠与李克用的心情似乎都不错。一阵轻柔的暖风袭来,朱全忠不由得打了个哈欠,李克用不禁戏谑道:"梁王晚上都忙些什么,与兄弟商议要事都打不起精神来?"

朱全忠微眯着双眼,哂笑道:"本王倒是过得快活,只是可怜我的晋王,日日夜夜在城外守着本王,可是吃了不少苦头吧?"

"还行,还行,"李克用讪笑道,"这不都是拜梁王所赐?"

见李克用开门见山,朱全忠也直入话题,道:"克用老弟可是误会本王了,本王若有不臣之心,怎还有脸面与老弟你阵前叙旧?"

李克用目光游离,似乎对朱全忠的恭维受之有愧,虽说他对唐皇室还颇有几分忠心,但也不至于正派到让篡逆的朱全忠无颜相见的地步。他讪笑道:"梁王谬赞了。不是克用非得与梁王作对,实是克用深受皇恩,而先帝在梁王的辖区内死得不明不白,克用若不能为先帝讨个公道,如何对得起大唐的列祖列宗!"

李克用越说越激动,忠义之心溢于言表,连他本人都分不清自己是在逢场作戏,还是由衷地追念唐皇室的恩德:"克用祖上乃沙陀胡儿,生长于蛮荒之地,未蒙教化,不识礼仪,茹毛饮血,番邦丑类。先父奋起于阴山,凭微末之功,幸蒙皇恩浩荡,得恩赐与天子同姓,可谓是莫大的荣光。及至克用,更是屡承天恩眷顾,封侯拜将,裂土称藩,人生如此,夫复何求!克用既深受李唐皇室大恩,敢不肝脑涂地,誓死效忠?"

"晋王之忠心,全忠甚为钦佩!"听到李克用的这番真情流露,朱全忠想到自己不过是砀山小民,也曾深受唐皇室隆恩,如今却想行篡逆之事,不免也有些动了恻隐之心,"全忠亦深受朝廷大恩,晋王的心情本王能理解。只是一点，先帝之死确实与本王无关，本王若想篡唐自立，何必又拥立当今陛下？本王若是称帝，朝中又有谁能奈何得了本王？"

李克用不暇多想，霍地睁大豹眼，道："梁王说先帝之死与你无关，那么先帝究竟因何晏驾？"

朱全忠面色凝重，不由得将了将领下的浓须，语重心长地道："本王的养子朱友恭利令智昏，阴谋揣测本王有篡位的野心，故而逼死了先帝，企图让本王取代大唐的江山，如此他至少也能裂土封王。本王当时得知此噩耗，怒不可遏，一时血气上涌，几乎晕倒在地。哎，本王一向对这个养子视若己出，没想到他竟做出如此大逆不道之事。杀人偿命，天经地义，何况弑杀天子，本王只好忍痛将他处以极刑。此事满朝文武皆知，当今太后也可为全忠做证，晋王若不信全忠，可随全忠入宫找太后对质。"

"这倒不必了，梁王既然敢这么说，想必是没有欺骗克用。"李克用似信非信，心想万一你朱全忠编故事欺骗于我，我随你进宫岂不是自寻死路？他抬头仰视着当空的红日，眼睛一眨不眨，倏忽阵阵微风袭来，登时觉得身上凉飕飕的。他意味深长地对朱全忠道，"同样一个太阳，在春天能使大地回暖，而在夏天却能炙烤人间，令万物焦枯，梁王可知为何？"

"还请晋王明示。"朱全忠虚与委蛇道。

"此乃天时所然啊！"李克用长叹一声，神情也随之严肃起来，"天时主宰一切，连太阳也不可逆天而行，何况我等凡夫俗子？大唐之肇建，乃高祖、太宗皇帝顺应天时，非人力所能独为之也！故而隋末群雄虽众,却终究灰飞烟灭,归于尘土。今若有人想逆天而行,怎知不会步隋末群众之后尘?"

朱全忠深知,一向粗鄙的李克用如今故弄玄虚,俨然一副相师的作风,乃是暗示自己不可倒行逆施,企图凭借军事实力代唐自立,凡事得顺势而为。他所谓的势,自然是指大唐天命所归民心稳固,而且这股势永远都存在,至少在朱全忠有生之年是如此。朱全忠素来无视"天命之说",便有恃无恐:"晋王放心,本王若是逆天行事,神明殛之!"

"但本王也得提醒晋王。"朱全忠清了清嗓子,似乎有意让在场的将士们都听到,"晋王打着勤王的旗号讨伐本王,现如今世人皆知当今陛下乃先帝之子,这天下还是李唐的天下,晋王此举意欲何为?晋王固然清者自清,但天下人会如此认为?况且晋王曾与本王有旧隙,世人又或以为晋王发兵是打着勤王的旗号复旧仇而来?还望晋王三思。"

李克用怔了半晌,嗫嚅道:"梁王的意思是?"

"为了晋王的清白,为了将士们的安危,全忠恳请晋王退兵!"朱全忠眼眸里精光一闪,高呼道,"晋王若非为了私利讨伐本王,现本王已自证清白,晋王何不退兵言和,回师坐镇晋阳,保大唐一方安定,尽忠臣拳拳之心?"

李克用果然斗志瓦解,不禁有了退兵的打算,但不知怎的一时语塞,怔了半晌愣是不发一言。心腹大将周德威若有所思,策马迎上去附耳对李克用道:"梁王朱全忠狡诈,晋王师出无名,现今我方又出现粮草危机,不如从了他的提议,退兵言和罢了。"

李克用默然不应，但周德威心知肚明，这是顾及颜面的晋王的默许。

"前方可是威名赫赫的周德威将军？"朱全忠颇为好奇。

"正是！"周德威正色道，"晋王方才已告知末将，既然梁王诚心诚意求和，他也乐得成全梁王的美意。明日我等便从荥阳撤军，希望梁王谨守诺言，更希望梁王能够精忠报国，不要辜负晋王对您的信任。"

周德威乃朔州马邑人，此人身材高大，膂力过人，面容黝黑，不怒自威，因其骁勇善战、多谋多智，深得李克用之信任。此番他向朱全忠传达李克用的心意，十足像是严厉的长者对晚辈的忠告，但朱全忠却出人意料地一笑了之。因为朱全忠洞若观火，李克用是个视脸面如生命的人，如果不让周德威在言语上讨些便宜，他便可能为面子而作愤然一战。尽管朱全忠也在乎脸面，也想维护自己的威严，但他绝不会为了面子换来一场厮杀。而且他也心知肚明，周德威的一次所谓的忠告，丝毫不能摧毁他长期经营的早已凝固在三军将士面前的威信。

诸侯军围城时的剑拔弩张，终于在朱全忠最后一声礼节性的回复声中化解，一切可能的刀光剑影、战马嘶鸣皆已付笑谈之中。朱全忠心想，若非他善于攻心，凭李克用争强好胜的秉性，非得与他真刀实枪地交锋不可。那样，尽管诸侯军军心不稳，但毕竟人数众多，荥阳守军恐怕也占不了多少便宜，免不得又是两败俱伤，给其他异己者可乘之机。想到这里，朱全忠不由得长舒一口气，嘴角隐现出一丝浅浅的微笑。

"启禀梁王,汴州出大事了!"一个身形矫健的武士一个箭步闯入元帅府大堂。

朱全忠突然跳将起来,心想荥阳之危才刚刚解除,老巢汴州便传来噩耗,莫不是李克用使诈,以退兵麻痹自己,转而率领诸侯军直捣汴州,给自己致命的一击?但这又似乎不是李克用的风格,且不说他打汴州师出无名,若李克用怀有图谋汴州的心思,他为何不趁早图之呢?非得等到粮草告罄,且承诺退兵之后使诈,这不是自取不义吗?

朱全忠百思不得其解。

伉俪情深

"梁王,是王妃病危了!"武士顿时声泪俱下,对满脸愕然的朱全忠道,"小人一时情急,没能说清楚,还望梁王恕罪!"

"什么? 你再说一遍!"武士此言犹如晴天霹雳,令朱全忠陡然一震,心胆俱碎。

"王……王妃一月前身染重疾,现在已经危在旦夕了!"

朱全忠顿觉头重脚轻,一个踉跄,险些跌倒。武士见状,赶忙起身搀扶。朱全忠忧心如焚,语音急促:"快快,快随我赶回汴州!"

朱全忠虽为人险狠毒辣,但对其王妃却是宠爱有加,言无不从。这位王妃姓张名惠,是朱全忠少时的梦中情人,亦是朱全忠的结发妻子。朱全忠出身寒微,其父朱诚不过是个落魄的儒生,而张惠则是刺史的千金,二人原本门不当户不对,是怎样的奇缘让夫妻俩结为连理的呢?

此事还得从朱全忠寄居富户刘崇家说起。

当年朱全忠虽自视颇高,但无奈家道贫困,加之父亲朱诚病逝,一大家子没有了生计来源,便在母亲王氏的带领下投靠萧县富户刘崇,做了个替人耕作的佣工。当时的朱全忠还叫朱温,全忠之名乃是唐僖宗所赐,因他投靠朝廷,唐僖宗龙颜大悦,不仅赏赐了他许多爵禄,还以"保全忠义"之意给他赐名全忠。话说朱温当时虽为下人,却不肯以下人自居,常常顶撞刘崇,幸得刘母慧眼识英雄,常叮嘱刘崇不要与朱全忠计较。

刘母深知朱温性格叛逆,为人不安分,若隔三岔五出去惹事,也终究不是个办法,于是询问朱全忠道:"阿三年纪也不小了,可不该如此胡闹,你若不喜欢耕作,究竟想干些什么?老身尽量满足你的愿望。"

朱温答道:"阿三平生所喜欢的,只是骑射。若阿婆不吝赐我弓箭良驹,我便可安分度日。平常练习骑射之余,也好到深山老林之间,猎些野味,给宴席增添几份佳肴。"

刘母笑道:"也好,也好,但不要射伤无辜平民。"说罢,令仆人取得弓箭,赠予朱温。又令人带朱温去马厩选马。

朱温自有了良弓宝马,确实安分了许多,每日练习骑射,矫健绝伦,遇到飞禽走兽,张弓搭箭,手到擒来。刘家庖厨,逐日丰足,刘崇也逐渐对他另眼相看。

朱温二兄朱存也觉技痒,愿随三弟同去打猎,也向刘崇借了一张弓、几支箭、一匹马,与朱温同去逐鹿。朝出暮归,无一空手之时,两人不以为累,反觉得逍遥自在。

一日驰骋至宋州郊外,艳阳天气,明媚春光,正是赏心悦目的佳景。朱温正遥望美景,忽见前方迎来一支百余兵力的骑兵卫队,护送着队伍中间的一辆香车。朱温煞是好奇,遂与朱存跃马而上,跟随队伍前行。队伍绕了几个弯,大约走了一二十里地,经过了半个时辰,来到一座寺庙前。

那寺庙壮观雄伟,朱壁危墙,占地数百亩,四周树木林立,又有高山环绕,流水淙淙之声,蝉鸣鸟叫,不绝于耳,也算得上人间仙境。只见那香车停在寺庙大门前,从车内走出一个模样十七八岁的少女,身边有两个容貌清秀的婢女陪伴。

朱温从一旁望见那少女,盘着高高的发髻,上身穿着一件浅绿色短襦,下身是一条素色长裙,中等偏上的个头,身材匀称,鹅蛋脸上生着一双又大又明亮的眸子,模样甚为清秀可爱。然此女子虽生得美若天仙,但毫无妖艳妩媚之气,眉宇间更透露出一股英气,不似寻常美貌女子。朱温看得入了神,不觉眼球凸出,口嘴微张,像极了一个凝神注视的痴人。朱存在他身旁多番提醒,他也毫无察觉。

朱温料定此女子是来进香拜佛的,待她进入寺庙之后,也佯装成信徒,尾随而去。正在此时,有一矮胖僧人从朱温身旁走过,朱温连忙转身向他打听此女子的身份。矮胖僧人告诉他,这少女乃宋州刺史张蕤之女。朱温闻言,喃喃自语道:"张蕤本是砀山富户,与我也算是同乡,想是我与那美人有缘。"

说罢,又跟随那少女入殿拜佛。朱温跪在一旁,用余光扫视,那女子举止得当,仪态端庄,顿时生出几分敬意。心中窃想:"我朱温要能娶得此女,死而无憾。"转而又想,"既然我已入寺庙,何不求求佛祖,赐我这段良缘呢?虽然求神拜佛之事,未必可靠,但试试也无妨。"于是庄严叩首,对着一尊罗汉像默念:"求佛祖保佑,赐俺朱温一段良缘,娶了张家美人为妻,我今后一定潜心礼佛,多做善事,报答佛祖。"

少女刚拜完佛,看见旁边这个五大三粗的壮汉竟也如妇道人家那般潜心礼佛，觉得有趣，不禁朝他莞尔一笑。朱温望见，竟也收敛色心，一副淳朴无邪、憨厚老实的样子，友好地点头示意。少女随即在婢女的陪同下，乘坐香车离去，朱温依然偷偷跟在后头。

行至宋州郊外，朱温便要与那少女分道而行，心中恋恋不舍，遂目送之，直至消失于视野之中。朱存见朱温如此痴心，便嘲笑道："三弟又开始做白日梦了，咱爹只是个穷书生，她爹是堂堂刺史，人家怎么会看得上你这个穷小子。"

朱温不服，反驳道："汉高祖刘邦是何出身？不过是个农家的穷小子，他能建功立业成为一代明君，你三弟我为何就不能娶刺史的千金？"

"嘻嘻！"朱存一脸无赖，谓朱温道："汉高祖能成为帝王，是自幼结识萧何、曹参之辈，有这些贤人辅佐，何愁大事不成？"

朱温脸色为之一变，指着朱存道："二哥，我看你就是我的刘伯升。"

"三弟你这话是什么意思？"朱存百思不得其解。

朱温笑道："当初光武帝的兄长刘伯升，嘲笑他只懂耕种，然而他却能成就帝业。如果今后小弟能有一番大作为，今日二哥嘲笑我，不就成了当日嘲笑光武的刘伯升了吗？"

"光武帝乃高祖后裔，出生豪强地主之家，咱们都穷得寄人篱下了，岂能相提并论！"朱存略带调侃地驳斥。

"为何不能？刘秀起自布衣，以务农为业，幸逢王莽篡汉，故能成就霸业。观今日之世，不也是乱世吗？刘秀爱慕阴丽华，如今小弟我爱慕刺史的千金，若我能成就一番事业，方才那美人便是我的阴丽华！"

朱存道："这倒也是，可如今咱哥俩无尺寸之势，又该如何发家呢？"

朱温道："如今唐室已乱，烽烟四起，王仙芝发难于濮州，黄巢起义于曹州，你我有这般武力，可投入义军之中，创建一番功业。爹临终前也建议我从军，如今也算是告慰他老人家的在天之灵吧。"

朱存闻言，连连称赞，兄弟二人策马扬鞭，回到家中拜别母亲王氏、大哥朱全昱及刘母一家，怀着一腔热血慨然投奔黄巢义军去了。

时光荏苒，这一晃就过了数年，朱存在战斗中不幸牺牲，而朱温由于作战勇猛，严于克己，很得黄巢青睐，屡得提拔，位极人臣。地位尊贵之后，朱温露出好色荒淫的本性，平时东征西讨，总不忘掠取几个美人。然而每当鸾凤颠倒潇洒快活后，他总是思念起当年邂逅的那位少女来，日复一日，竟茶饭不思，身体消瘦。

一日朱温出营巡城，前方有一女子背对着他，蓬头垢面，衣衫褴褛，想是逃难至此，然步伐稳健，不似一般难民。朱温甚奇之，呵斥那女子停步，那女子竟不理会，径直朝前走。朱温面露怒色，令左右前去擒拿，转而又想，若此女乃佳人，岂不让她遭罪？遂改变主意，亲自追赶。

顷刻，朱温已追至女子面前，然而眼前之景，令他又惊又喜。他激动不已，不禁失声问道："你……你莫不是原宋州张刺史的千金？"女子见朱温先前呵斥自己，便冷淡地回答是。朱温又问道："小姐还认识在下吗？"

朱温虽曾与那少女在寺庙有缘相见，但那少女终究只见过他一面，加上多年未曾谋面，如今当然不太记得他的容貌。少女仔细端详朱温，片刻之后，似乎想出点了什么："你……你，你是……"

朱温接声道："在下朱温,多年以前,曾与小姐在寺庙有过一面之缘。在下还记得,小姐当初还冲我微笑呢!"

被朱温这么一提醒,少女顿时回想起当日情景,而后俏脸微红,羞涩道："将军莫再取笑小女子了!"原来,那少女当日见过朱温之后,觉得他挺有趣,又生得勇猛威武,竟也对他产生了爱慕之心。

朱温当即拥少女回府,命奴婢给她安排居室,沐浴更衣。一番打扮之后,拜会朱温,只见钿头银篦,血色罗裙,面若桃花,婀娜多姿,看得朱温心痒难耐,腼腆道："在下自宋州郊外,有幸一睹芳容,倾心已久,近年鏖战四方,时常打探小姐居所,却无着落。我已立下誓言,若今生不能娶到小姐,情愿独处一生!所以到了今日,我这还尚未娶妻。"

那少女闻言,颇有几分感动,低眉垂眼,不由得两颊生红,说道："小女子父已去世,母亦不幸失散,跟了一班饥民,逃难至此。如今孤身一人,茕茕孑立,了无依靠,全凭将军做主。"

朱温故做伤心之状,安慰少女节哀,转而又与她商定良辰吉日,正式成婚。成婚那日,朱温身穿大齐红袍蟒服,头戴赤色纱帽,少女一袭红装,珠围翠绕,头戴金钗,装束如天仙一般,与朱温拜了天地,行了交拜礼,被媒婆搀扶入洞房。朱温即与一群义军头目开怀畅饮,把酒言欢,喝得伶仃大醉之时,与少女洞房花烛,缱绻缠绵,颠鸾倒凤,誓不负此良宵。

这少女,便是朱全忠的发妻张惠。

朱温自与张惠成亲后,便也收敛色心,虽偶尔轻薄过个别良家女子,但终归老实安分许多。张惠为人端庄贤惠,仁厚爱人,每逢朱温欲滥开杀戒时,她总是委婉规劝,救了不少无辜将士,将士们因此都对她甚为尊敬。

朱温亦对爱妻敬爱有加，连军国大事也常与她商议，而张惠足智多谋，时常切中肯綮，料事如神。后来朱温欲"弃暗投明"，也曾写信咨询张惠的意见，张惠以忠君爱国之义规劝，朱温最终下定决心降唐。这才成就了今日的朱全忠。尽管当年朱全忠降唐并非受张惠的忠君爱国之义影响，而是权衡利弊之下的投机，但他仍然钦佩妻子的大义凛然。

朱全忠对张惠近乎唯命是从，有时他未与张惠商议而擅自出兵，张惠以为不然，便派遣一使者召他回师，他丝毫不敢怠慢，总是如期而至。尽管朱全忠对她服服帖帖，但张惠从不恃宠而骄、张扬跋扈，她对朱全忠行必以礼、关怀备至，对待婆婆王氏孝顺有加，王氏逝世时她悲痛欲绝，对朱全忠为数不多的几个小妾也不嫉不妒。更难能可贵的是，她虽为朱全忠生有一子朱友贞，但对朱全忠的其他儿子视若己出，无所偏颇。朱全忠因此对这个贤内助更为敬爱，夫妻俩的关系如胶似漆，此番张惠病危，朱全忠如何不悲恸忧心？

他当即把荥阳城全权托付给葛从周，也无暇整顿什么行装，就领着一队精骑马不停蹄地奔赴汴州。好在荥、汴之间路途不算遥远，不消一日朱全忠便已抵达汴州，也顾不得腹中空空便直奔梁王府中。

见张惠僵卧病榻，已是容颜憔悴，骨瘦如柴，奄奄一息。英雄气短，儿女情长，爱妻形消体瘦，想是受尽顽疾折磨，朱全忠不禁老泪纵横，失声哭泣。张惠闻有泣声，顿觉惊寤转来，勉睁病目，向外瞧着，见朱全忠立在榻前，自弹老泪，便强振娇喉，凄声问道："是王爷回来了吗？"全忠连忙应答称是。

张惠又道："妾身疾病垂危，恐怕来日无多，故遣家仆召王爷归来，见这最后一面，还望王爷不要见怪。"

朱全忠闻言，心中酸痛不是滋味，走上前握住妻手，怆然道："夫人何出此言？为夫将以重金寻天下名医，为夫人诊治，到时夫人便可康复如往常。夫人不必担心，为夫这就吩咐属下，张贴告示。"说罢，欲起身离开，安排寻医一事。

张惠连忙拉住朱全忠，且喜且泣道："不必了王爷，妾身对自己的病，心中有数，纵使扁鹊在世也无力回天。我现在就想多看王爷两眼，如此便死而无憾了。"

朱全忠道："我朱全忠这一生，叱咤风云，也算当世英雄。但我最得意之事，不是手握大权，称霸一方，而是娶了夫人你啊！为夫自与夫人相守，至今已有二十余年，我戎马倥偬，与夫人聚少离多，久不居家，多亏了夫人替我照料内事。当我外事不决之时，夫人也尝尽心尽力，为我排忧解难，全忠甚为感激，无以言表。如今为夫已尽掌唐室大权，唾手便可改朝自立，一心想与夫人再做几十年太平帝后，不料夫人患病至此，这该如何是好啊！"

张惠泪眼婆娑，道："王爷不必忧伤，人生在世，总有一死，况且妾身已贵为王妃，享尽富贵，死又有何憾！就是王爷，不要总想着篡唐自立，王爷也算受尽唐室皇恩，若唐室可辅，王爷还得尽心尽力效忠；若无故取而代之，恐天下民心不服，各镇节度使奋起讨伐，到时王爷势必危矣。"

"夫人遗命，不得不从！"朱全忠假意附和。

张惠哂笑道："王爷不必说假话安慰妾身，我料王爷之志，也不是三言两语所能撼动。但妾身有一言，希望王爷时刻铭记，这样我也好了无牵挂而去。王爷虽英雄盖世，但也嗜杀好色，嗜杀则失人心，好色则误家国，桀纣之祸国亡身，希望王爷引以为戒。如此，妾身死也瞑目了！"

说罢，用手帕捂住嘴咳嗽了几声，朱全忠清晰望见，手帕上竟有血迹，不禁老泪纵横："夫人不必再说了，休息要紧，为夫无不遵从。"张惠应声回答是。

话刚落音，张氏缓缓闭目，安详而逝了。然而朱全忠并未察觉，竟以为爱妻当真是睡了，于是在她病榻前守了一夜。直到第二日，发现张惠浑身冰凉，才知道她已离世。

朱全忠得知爱妻逝世，如遇晴天霹雳，惊愕失色，肝肠寸断，跪倒在地，泪如泉涌，失声痛哭。片刻之后，又猛然起身，仰天长啸道："苍天不公，夫人贤惠，奈何如此薄命！"言罢，咽喉突觉一丝血意，口吐鲜血。之后他便如癫狂了一般，宽衣解带，蓬头散发，悲情舞剑，口中胡言乱语，无人能懂，数日滴水未入。

给张惠发丧那日，朱全忠病倒在床，体格健硕的他像只瘦猴似的，有气无力地仰卧在床榻上，喘着粗气，断断续续地呻吟，闻者无不伤心落泪。东京马步军指挥使朱友贞与兄弟七人在张惠的灵柩前号啕大哭，因为他们都曾受过张惠无微不至、深情款款的母爱。这其中除朱友贞外，尤以长兄朱友裕哭得最为撕心裂肺，因为他是张惠一手拉扯大的，当年朱全忠怀疑他有不忠之心欲斩杀他，也是张惠不惜犯颜直谏才救了他一命。朱友裕是朱全忠诸子中最贤德者，不但骁勇善战而且为人宽厚仁孝，这也是张惠多年来教导有方。

不消数日，张惠的讣告便已传到朝廷，敬翔也不禁为这位贤德主母的病逝而潸然泪下，当年正是她的力荐才有了自己今日之地

伉俪情深

位。敬翔决定为病逝的张惠做点什么，以报答她昔日的知遇之恩，尽管一切都是那么的微不足道，但至少可以弥补内心的愧疚。于是，敬翔上奏朝廷，盛赞张惠"恭谨贤德"，请求朝廷追封。

何太后也素闻张惠贤德，加之乐意用封号卖朱全忠个人情，便下诏追封张惠为"梁国贞贤夫人"。使者携追封诏书抵达汴州时，朱全忠仍然卧病在床，他神情恍惚，意志消沉，不可能抱病接旨，遂派朱友贞代劳。

祸 起 萧 墙

这年十月，朱全忠病情稍稍好转，意志振作，逐渐从张惠病逝的阴影中走出来，不料长子镇国节度使朱友裕突然病逝，又令他的病情雪上加霜。

朱友裕是朱全忠的庶长子，其生母在他幼时便已病殁，朱全忠把他托付给张惠抚养。朱友裕与朱全忠奸诈暴戾的性格不同，他既继承了父亲骁勇善战的本领，又在张惠的谆谆教诲下成了个宽厚仁德之人，自幼随朱全忠征战，很得军中将士之心。

朱全忠曾一度怀疑他对自己不忠，甚至产生了除掉这个素得人心的长子的念头，迫使朱友裕逃到伯父朱全昱家中避难。但他后来在养母张惠的帮助下，跪在梁王府庭中向朱全忠请罪，张惠更是以"束身而归，断无谋逆之心"劝说朱全忠，朱全忠这才放下猜疑之心。由于朱友裕在征战中颇有乃父之雄风，朱全忠也逐渐喜爱起他来，加之他平素得人心，又确无叛逆之心，朱全忠最终产生了立朱友裕为世子的念头。

然而天不假年，朱友裕因对养母张惠的死悲恸过度，以致早年征战中落下的创伤复发,不治而亡。朱全忠得知噩耗,脑子里一片空白,他没有料到自己苦心培养的继承人竟先他而去了,顿时觉得头昏昏沉沉的,接着便不省人事了。

翌日傍晚,朱全忠勉睁睡眼,只见朱友贞正在一旁伺候。朱全忠倍觉宽慰。人在春风得意时往往忽视亲人的关爱,而在抑郁悲痛时稍微亲昵的举动也会让其大为感动,朱全忠也不例外。朱友贞见朱全忠醒了,赶忙向他禀告军情:杨行密围攻光州。

原来,朱全忠"亡妻丧子"大病一场的消息传到淮南,杨行密认为有机可乘,便出兵攻打与淮南临近的光州,企图据为己有。朱全忠见杨行密乘人之危,怒不可遏,气往上涌,不由得咳嗽起来,道:"这是什么时候的事?"

"父王您没事吧?"朱友贞认为这是表现孝心的大好时机,"这是昨日之事,孩儿见父王正在休息,没敢以区区小事打扰父王。不过父王无须担忧,孩儿已派马步军都指挥使杨师厚将军领二万大军驰援光州,相信不日吴王杨行密便会知难而退。"

不料朱全忠闻言,脸色顿时由晴转阴,横眉怒目,厉声道:"谁给了你调兵遣将的权利!本王还没死呢,就急着取代本王了?"

"孩儿知罪!"朱友贞幡然醒悟,父亲对权力有极强的占有欲,除了已逝的母亲可以行使王权外,还没有人敢背着他擅作主张,遂赶忙叩首请罪,"孩儿见父王抱病在身,不想让父王太操劳,这才擅自派遣杨将军出征,请父王惩罚!"

朱全忠瞅了两眼朱友贞,只见他战战兢兢的,便说道:"罢了,你母亲刚走,想必你心里也不好受,以后再遇到这种事情,务必要先请示我,否定军法无情,别怪父王依法处置。"

朱友贞应声称是，道："父王教训得是，孩儿一定铭记于心。"

光州城下，杨行密正跨着战马督战，淮南将士异常英勇，冒着箭雨、热汤、礌石勇往直前，城墙被撞木撞得摇摇欲坠，云梯上的淮南士兵前赴后继，很快便会攻上城楼，光州城岌岌可危，守将做好了与城共存亡的打算。杨行密也是志在必得，三番五次派人朝城中喊话，企图瓦解梁军军心，使之弃战而降。

倏忽之间，吴军背部传来一阵急促的马蹄声，只见尘土飞扬，杀声震野，让吴军将士手足无措，人心惶惶。光州城里的将士欢呼雀跃，他们知道那是汴州的救兵到了，一时士气大振。光州守将乘机呼喊道："将士们，梁王派来的援兵已到，快随我打开城门，杀吴军个片甲不留！"刹那间光州城门口人潮汹涌，将士倾泻而出。

杨行密见状，担心腹背受敌，不敢恋战，只得恨恨地下令撤军，且战且退，解除光州之围。前来增援的杨师厚不肯就此罢休，掉转马头直扑慌忙撤退的吴军，杀得吴军人仰马翻，尸横遍野，自相践踏而亡者亦不计其数，大批军需物资被梁军截获，杨行密铩羽而归，损失惨重。杨师厚为防吴军复仇，暂时留驻光州，而派使者向朱全忠报捷。

杨行密偷鸡不成蚀把米，怒上心头，郁郁寡欢，不知将这股怨气撒向何处。他倏忽想到润州团练安仁义，此人是他微时的跟班，与他一同南征北战，建立了吴国。在杨行密当军队小头目时，安仁义只是个普通士兵，对杨行密倒也忠心耿耿。及至杨行密称王，拜安仁义为润州团练，安仁义便渐渐骄狂起来，杨行密碍于情面，一时间不好发作。此次他铩羽而归，想到了安仁义那副小人得志的模样，气就不打一处来，遂动了杀心。

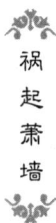

抵达广陵,杨行密令部将王茂章领兵三万,以慰问润州将士为名入城,乘机取安仁义而代之。杨行密叮嘱王茂章,道:"安仁义得志骄狂,与本王貌合神离,若本王不除掉他,此人迟早会坏吴国大事。王将军,若安仁义拒不开城门,你可相机行事,即使强行攻城,本王也当全力支持!"

王茂章拱手道:"请吴王放心,末将必不负所托!"语毕即辞行而去。

安仁义自知他在润州的跋扈惹恼了杨行密,早在杨行密出兵围攻光州之时,他就派使者送投诚信至汴州。那时朱全忠正卧病在床,朱友贞私自派杨师厚施援光州已是忤父行事,又怎敢再处理安仁义投诚之事,便没有回复安仁义。安仁义得知王茂章领兵往润州方向疾行,做贼心虚的他不免怀疑王茂章奉杨行密之命攻打润州而来,便急忙修书一封令使者火速送往汴州,极尽恭顺奉承之词,希望朱全忠发兵驰援,他愿以润州之地归降梁国。

使者走后不到一日,王茂章便已兵临润州城下,只见守备森严,料想安仁义早有防范。王茂章仰望城楼,见正中位置有个五短身材披着绛红色战甲的武将,身边跟着两名年轻的武士,正是润州安仁义,于是连忙朝他喊话道:"仁义老弟,兄弟我奉吴王之命入城犒军,还望老弟行个方便,打开城门让我进城。"

安仁义俯视城下,只见王茂章头戴钢盔身着银灰色软甲,左手揽辔右手提刀,敦厚的面容上似有杀气,于是微微一哂,虚与委蛇道:"吴王也太看得起我安仁义了,要将军领数万将士来犒劳我军,恐怕有不少好处吧?"

王茂章窃喜,以为安仁义上当,欣然道:"仁义老弟说得不错,吴王体恤将士们辛苦,故而派我携带军需物资来慰劳大家!"

"王将军,你说这么多东西,谁能保证你手下的军士们不会眼红? 万一他们在城内大肆抢掠,那可如何是好? 不是做兄弟的不讲情面,将军要进城也可以,但你手下的这些军士不可入城,且必须在你入城前后退十里。"安仁义剑眉紧蹙,故作难色。

"仁义老弟可是怀疑我?"王茂章满脸疑容,好像自己很无辜似的。

安仁义冷冷道:"岂敢,仁义是怕到时将军的手下红了眼,伤了两家的和气。"

王茂章明白,安仁义不过是在虚与委蛇,他根本没有开城的打算,遂愤然道:"仁义老弟,若是本将军以吴王口谕命令你开城呢? 你也拒不执行?"

安仁义有些不耐烦了,恶狠狠地答道:"我为何要执行? 吴王是你的吴王,不是我安仁义的! 要战便战,我润州城固若金汤,还怕了你不成!"

王茂章顿时火冒三丈,气得龇牙咧嘴、满脸愠色,心想你安仁义要反便反,何必在三军将士面前羞辱我? 遂厉声道:"将士们,你们都看到了,安仁义谋逆之心昭然若揭,快随我攻下润州,吴王必将论功行赏!"之后便是经久不绝、遐迩可闻的厮杀哀号之声。

吴军猛攻了数日,怎奈润州城城高壁坚,加之安仁义又做好了充分的守城措施,任凭飞矢流箭、撞木云梯,犹自丝毫不动,倒是把吴军将士累得疲惫不堪。王茂章无计可施,只得修书一封,向杨行密禀明战况,并请求增兵支援。

朱全忠病体稍愈,坐在书房里办公,朱友贞将安仁义先后送往汴州的两封书信上陈朱全忠,举止拘束,随即匍匐在地,不敢越雷池半步。朱全忠神情怡然,似乎为儿子的唯命是从、敬畏有加感到欣慰,哂笑道:"贞儿年纪也不小了,父王问你,此番安仁义向我求救,你的意见如何?"

朱友贞受宠若惊,他没料到一向朝纲独揽的父王竟然向他询问军事,语无伦次地答道:"这……父王,全凭父王做主,孩儿知道什么?不不,此乃军机要事,不在孩儿的职责之内,孩儿知道也不该过问。"

"贞儿,你且起身,不管如何,父王终归是你的亲生父亲。"朱全忠喟然一叹,自他上次因擅自发兵驰援光州一事怒斥朱友贞以来,朱友贞在他面前就像个受了惊吓的兔子,眼光呆滞,面容苍白,战战兢兢,有时还明显在发抖。他恻隐之心顿起,心想人言舐犊情深,我却唯恐不够苛刻地对待唯一的嫡子,这是不是太过分了点?

"贞儿啊,你母妃走了,父王是你最亲的人,父王的母亲也走了,你也是父王在这世上最亲的人。以后父王问你什么,你只管畅所欲言,不必拘束。"朱全忠满脸横肉的面庞不禁泛起了久违的慈祥。

朱友贞终于放下惊心,他起初以为朱全忠在试探他,现在想想应该是自己多疑了,遂起身欣然道:"父王,孩儿以为成大事者需有海纳百川的气度,招揽天下英雄豪杰,故而此番应接纳安仁义之投诚,不可伤了天下才俊们的向梁之心。如果父王此番见死不救,将来谁还愿意投靠我大梁?"

见朱全忠剑眉紧蹙,朱友贞登时心惊胆战,连忙跪下,颤声道:"父王,可是孩儿说错了什么?孩儿一定有过即改,谨遵父王教诲。"

朱全忠语重心长道:"贞儿啊,你先起来,父子之间不必太拘束。"紧接着喟然一叹,"哎,你还是太年轻了,太贪慕虚名了! 父王且问你,你为何要向世人展示你的宽大胸怀?"

"如此能争取天下英雄之心。"朱友贞起身道。

"那父王再问你,你为何要争取天下英雄之心?"

"成大事者必须招揽天下英才。"朱友贞话音甫落,朱全忠应声而语,严肃道,"贞儿你记住,若要成就一番大事,就必须懂得权变,不可慕虚名而受实祸。那些冠冕堂皇的漂亮话谁都会说,那些所谓的招揽贤才的开明之举谁都会做,但只有迂腐的书生们才愚忠于这些言行,慕虚名而不知权变。"

朱友贞似懂非懂,道:"父王,孩儿一定谨遵教诲。"

朱全忠捋了捋胡须,补充道:"拿此番安仁义投诚之事来说,你接受了他的投诚,或可以得到求贤似渴的虚名,但那于成就大事何益? 安仁义此人,居功骄横,他今日能背叛吴国,谁能保证他以后不会出卖我梁国?一个没有任何利用价值又叛主求荣的人,为何要贪图求贤的虚名养虎为患? 故而,咱们得坐山观虎斗,既不派人接应安仁义,又不拒绝他安仁义的投诚,让他与杨行密拼个你死我活,消耗吴国的实力。"

"父王英明!"朱友贞似乎懂了一些,朝朱全忠作了个揖。

安仁义不知朱全忠之意,仍坚守润州力争垂死挣扎。好不容易熬过了数月,润州城里人困马乏,粮草将罄,安仁义望眼欲穿,可汴州方面始终杳无音讯。安仁义此时不会不明白,朱全忠做好了作壁上观的打算,根本不可能派兵支援他。但他既已公然与杨行密分庭抗礼,又与其大将王茂章鏖战了数月,骑虎难下,只能咬紧牙关抗争到底,以便伺机突围投靠别处,若投降必是死路一条。

润州城虽摇摇欲坠，但吴军也不过半斤八两，数月的攻城苦战令将士们疲惫不堪，三万大军如今剩下不到一万，这还包括一两千伤兵。安仁义虽不详知吴军的伤亡情况，但见其攻势逐渐变弱，也能察知个八九分。也正因为如此，他对未来仍抱有侥幸心理，希望杨行密短时间内不再派兵增援，那么他便有可能趁吴军防守松懈，率领一支精骑突围。

然天不遂人愿，杨行密正为润州战事的焦灼状态坐立不安，又怀疑朱全忠的坐山观虎斗居心不良，故而不敢轻易给王茂章增兵。他的兵员毕竟有限，他担心若分兵协助王茂章攻城，朱全忠探知后必然发兵扰边，到时便也只能眼睁睁地看着吴国的边境之地被梁国一点点蚕食。情急之下，他猛然灵机一动，写了两封书信，遣使者送往王茂章军中，叫他看后将其中一封送给安仁义。

王茂章令弓弩手将那封书信射入润州城中。安仁义收到书信，只见信中写道："仁义老弟，汝与本王出身寒微，汝之功本王牢记于心，若能束身自归，当以汝为行军副使，但不掌兵耳。若汝一意孤行，与本王决裂，本王当即刻增兵，攻破润州乃旦夕之间耳。望吾弟仁义慎重考虑，不要辜负兄之拳拳之心。"

好一句"但不掌兵耳"，直言不讳地表明，即便安仁义悔过自首，也只能任个有名无实的行军副使，然而却意味深长。安仁义之前之所以誓死不降，正是因为他自知公然与杨行密决裂，又反击王茂章杀了吴军上万人马，若投降杨行密必然杀之以泄愤。既如此，若杨行密以极其优厚的条件劝降于他，他反而会怀疑杨行密的诚意。难道他杨行密就不担心自己掌握实权后再次同室操戈与他为敌吗？而"但不掌兵"虽表明要夺安仁义的兵权，但多虑的安仁义却会如此以为:杨行密若是欺骗我投降,何不以实权为诱饵? 如今他直言不讳地表明要夺我兵权,或许是有那么几分诚意。

然而兹事体大,万一杨行密诈其投降,难免有性命之忧,故而安仁义就投降与否犹豫不决。也正因为如此,还抱有侥幸心理的他疏于城防,给了王茂章可乘之机。原来,杨行密先前休书两封给王茂章,嘱咐王茂章送予安仁义的这封书信是为瓦解安仁义的斗志,而并非真正招降于他。而杨行密在另一封书信中已提及,趁安仁义收到书信狐疑不决疏于防备时挖地道直通润州城内,一举歼灭润州叛军。

王茂章为配合杨行密之计,自收到书信起,便放松了对润州城的围攻。这使安仁义不由得对杨行密招降之事增添了几分信任,润州叛军白昼还是一副严阵以待的架势,夜晚却几乎丧失了警诫之心。王茂章伺机而动,简拔膂力强劲的士兵,选择能避开叛军岗哨的隐秘处,于深夜偷偷开挖直通润州城内的地道。不消旬日,地道便已打通。

一日夜里,王茂章趁润州防守松懈,令麾下精锐由地道潜入城内。入城后,队伍分成两支,一支直捣离城门不远的安仁义府内,另一支则以攻克城门为目的。润州这些天兵戈止息,安仁义正为投降之事犹豫不决,根本没料到王茂章会挖地道夜袭。加之守城叛军鏖战数月早已疲惫不堪,既风闻安仁义有弃战而降的企图,而敌军确实连日未发动猛攻,便索性放下心放松守城,权当应付,润州城防守松懈远远出乎王茂章的意料,名曰守城实则乘夜在城中昏睡。当直捣安仁义府内的那支分队接近目标时,攻城的分队也已抵达城门口。由于夜色朦胧,加之守城士兵正在打瞌睡,因此攻城小分队以迅雷不及掩耳之势结果了这群士兵,随即便打开城门引王茂章大军入城。

这时直捣安仁义府内的小分队潜入府中,不料为其贴身卫兵所发觉,遂与其鏖战,这自然惊醒了熟睡中的安仁义。安仁义连忙披甲执锐,准备调集军队歼灭这支小分队,却不料传来噩耗,城门已被王茂章派遣的小分队攻克,敌军正气势汹汹地杀入城来。安仁义顿时惊愕失色,大叫一声"什么",心急如焚,欲整顿兵马与王茂章决一死战,却被小分队围攻甚紧,不得脱身。

王茂章大军攻入城时,城中各处守军都处于怠战状态,乍闻敌军杀入城中,猝不及防,惊慌失措,顿时斗志全无,或弃甲曳兵而走,或束手称降,极少数执戈反击者立时便被诛杀。倏然,王茂章率领一支数百人的队伍抵达安仁义府外,并驻马派兵支援小分队。

安仁义见大势已去,又自度不得脱,遂呵斥庭院中厮杀的双方罢手,声色俱厉道:"住手!我要与你们王将军谈话。"言罢,便朝门外喊话道:"可是茂章老兄大驾光临,愚弟自收到吴王亲笔书信,幡然醒悟,想与兄商议大事!"

王茂章不想理会,冷冷道:"与叛主之贼、败军之将有何好商议的!"随声示意弓弩手射冷箭。霎时,一支冷箭直中安仁义颈部,只见鲜血四溢,安仁义欲语不能,痛苦地挣扎了几下,怒目而亡。卫兵们见状面面相觑,不知所措,王茂章一声令下,士兵们一拥而上,不消片刻便将所有卫兵格杀。

九 曲 之 变

安仁义及其势力既已瓦解，王茂章随即派亲信火速赶往广陵向杨行密报捷。杨行密收到捷报，欣喜不已。这润州虽说在吴国辖区内，但近年来安仁义仗势而骄，屡屡不听杨行密调遣，所以润州实际上并不属于吴国的势力范围。如今王茂章平定润州，无异于让吴国多了一块辖区，既壮大了吴国的实力，又可防内患于未然，杨行密如何不喜？是以他新收捷报，便大赏有功将士，将攻克城门有功的武士连升三级，又令王茂章为润州团练使，坐镇润州，安抚百姓。

在这以后，杨行密乘势对吴国周边地区发动了数次进攻，屡战屡捷，兼并了不少土地，吴国实力为之大振。其间，朱全忠因疾病未愈，无暇顾及杨行密的兼并之战，但杨行密也因忌惮朱全忠，始终未敢将兵锋指向梁国。然而今时不同往日，实力壮大的杨行密回想起先前的光州之辱，愤愧不已，决定发兵光州一雪前耻。

人在得意之时往往意气风发，做事情雷厉风行，因为胜利的狂欢已取代落魄时的谨慎与狐疑，杨行密自然也不例外。不待旬日，他便厉兵秣马，简拔三万精锐，匆匆北上，直扑光州而来。

光州守将仍是杨师厚。他于数月前击退吴军，便一直在此镇守，以防吴军卷土重来。近期听闻杨行密内平叛乱，并乘势发动兼并之战，实力大为增强，这使杨师厚更加断定，杨行密必将乘势发兵雪光州兵败之耻。因此，早在杨行密产生攻打光州雪耻的念头之前，杨师厚就已日夜操练兵马，制作弓矛甲械，储积箭矢礌石，修缮城墙，做好了迎战吴军的准备。

当吴军的兵锋抵达光州城下时，只听见"嗖""嗖"的声音，一阵阵迅猛的箭雨倾泻而来，射得前锋部队人仰马翻阵脚大乱，中箭披靡者二三千，为战马践踏而亡者不下百人。杨行密见状大惊，意气奋发的他全然没想过梁军早有防备，但事已至此，为了稳定军心不得不故作镇定，火速令前锋部队以盾牌遮挡。

然而此举无济于事，城上的弓弩手将箭镞抬高一寸，强弓劲弩，万箭齐发，箭雨朝吴军中部落下，射了个猝不及防、防无可防，中箭及自相践踏者不计其数，死伤以千数计。杨行密只得令吴军向后撤退数里，暂缓进攻，以图休整，但张狂的吴军经过这两轮箭雨的猛烈冲击，军心逆转，逐渐由战前的小觑变成了畏惧。

约莫过了一个时辰，杨行密再次向光州城发起进攻。军队离城门不到二百米时，城上又是万箭齐发，不过这箭雨较之前已经稀疏了许多，显是城中箭矢不足了。杨行密窃喜，急令三军将士冒着箭雨冲锋，刹那间便已抵达城门口。正当吴军准备架起云梯且撞木攻城时，只见如下冰雹般密集的礌石从城上滚落下来，砸得攻城的士兵脑浆迸裂，哭天喊地。好不容易架起云梯，攀爬的武士们还未爬至半途，或侥幸未被礌石砸中，却被一锅锅滚烫的开水烫得鬼哭狼嚎，一个不慎便脚底腾空，从云梯上摔落下来。上攻不成，下攻也无望,且不说密集的礌石让吴军难以接近城门,这城门显然经过一番特别修缮,牢固得很,任凭你如何撞击,依然不动。

杨行密气急败坏,令将士们舍命死攻,连斩数名畏惧不前者。吴军将士见退无可退,皆舍生忘死奋勇向前,无奈梁军守势甚强,吴军士兵虽偶有攻上城墙者,却当即被城上披坚执锐的梁军武士格杀,徒劳无功。

这一仗打得异常惨烈,从当日午时杀到黄昏,休整一夜,又从拂晓打到翌日黄昏,吴军付出了近两万将士死伤的代价,梁军的损失也不小,战亡者不下三千,其他损耗自是难以计数。

杨行密眼见城下尸横遍野,望着满脸倦容的将士们,心知光州城一时难以攻克,便于某日拂晓有条不紊地退兵,也希冀以严整的军容挽回铩羽的面子。杨师厚登城远眺,望着徐徐退去的吴军,舒了一口气,但仍不敢松懈。

败归的杨行密虽强作镇定,但始终无法咽下心中的怨气,一年来两次受挫于光州城下,使他损失惨重、颜面无光,难免为诸路藩王所耻笑。他仍决意复仇,但新败后的窘势使其不可能在短时间内再采取军事行动,这令他十分苦恼。

倏忽过了一月,朱全忠的疾病早已痊愈,又闻得杨师厚大败汹汹势而来的杨行密,按说应该心情舒畅如沐春风,可他却似乎心事重重。这究竟是怎么一回事呢?数日前,朱全忠在梁王府中休养时,有心腹从洛阳传来密报,说是昭宗的皇子们怀疑朱全忠弑杀其父皇,正暗中勾结吴王杨行密,企图在洛阳宫中发动政变,废黜傀儡皇帝李柷,拥立昭宗长子德王李裕登基,并传檄天下讨伐朱全忠。

朱全忠起初持怀疑态度,已故的昭宗膝下虽有十子,但大多年仅冲龄,并没有勾结藩王政变的能力。唯有皇长子德王李裕,此人年及弱冠,生得魁梧伟岸,眉宇间颇有几分英气,倒是有些可疑。但也正因为德王与众不同,朱全忠在其王府中安插了众多党羽眼线,连门阍也是由朱全忠的人担任,他哪里有机会与杨行密暗通款曲?朱全忠甚是费解。

一日拂晓,朱全忠正在案前翻阅公文,门外的武士突然入门禀报,说是光州杨师厚将军派人送来密信一封。朱全忠拆开书信,只见上面赫然写着:吴王杨行密不甘兵败,已收买梁王安插入德王府的某侍卫,作为中间人与德王李裕密谋大事。一伺时机成熟,便里应外合,驱逐梁王,拥德王称尊,使江山易主。届时,德王以吴王为相,号令天下,弑天子,讨伐梁王。末将师厚愚见,梁王诚不可不防患于未然。

朱全忠恍然大悟,原来杨行密的眼线早已安插入洛阳,怪不得前些日子洛阳传来密报,声称德王有谋反的企图。如果事情真是这样,年幼的哀帝恐怕束手无策,而敬翔虽然足智多谋,但也独木难撑。为了扼杀叛逆于未然,朱全忠决定赶赴洛阳,对德王李裕采取行动。

雷厉风行是朱全忠一贯的办事作风,不消数日,他便将汴州的一切事务安排妥当交付给嫡子朱友贞,并率领蒋玄晖等心腹抵达洛阳。刚到洛阳,朱全忠还未及朝拜天子李柷,便直奔敬翔府中商议要事。

"老臣拜见梁王。梁王如此匆匆而来,所谓何事?"敬翔听闻朱全忠要来,连忙出门迎接,并询问拜访缘由。

"先生无须多礼。"朱全忠且说且走,"事情本王都知晓了。不怕先生笑话，起初本王并不相信，幸得杨师厚杨将军提醒，才得知了德王的阴谋。"

敬翔闻言，慈眉紧蹙，道："梁王所说何事，老臣怎么有些听不明白？德王不是被幽禁于府中吗？怎会搞出什么阴谋来？"名义上，朱全忠并没有把李裕幽禁，但实际上他时刻被朱全忠的心腹监控，连出王府大门也不容易，与幽禁也不过是五十步与百步之别。这件事常人即便知晓，也不敢明说，但敬翔因朱全忠素与其亲近，无话不谈，故没有什么语言避讳。

朱全忠爽然一笑，嘴角略显一丝狡狯，道："先生近来想是健忘，此事不正是先生遣人告知于本王的吗？先生是否顾及有外人在，不便说明？"

"有些事情，确实不适合当众言明。"敬翔虽不知朱全忠所说的自己遣人告知于他的事情究竟是什么事，但也猜透朱全忠此言的用意，显然希望自己承认曾遣人告知于他那件事。由于朱全忠平素极少让敬翔打诳语，敬翔显然有些不自然，似答非答，生硬地说出了与问题似乎无关的话。

此时两人已步入书房，朱全忠顺坡下驴："先生现在可以言明了吧？"说罢，连忙示意，屏退左右。

敬翔恍然大悟，捋了捋领下的浓须，笑道："梁王莫要再开老臣的玩笑了，老臣能对梁王说些什么，应是梁王将大事告知老臣，共同商议。梁王啊，有什么事情您尽管直说，不必如此掩饰！"敬翔联想到朱全忠的为人，满腹权谋，野心勃勃，却又在乎世人毁誉，之前他让自己承认遣人报信之事，必是让其协助他上演一场好戏，而这出戏事关朱全忠的宏图大业与声名荣誉。

九曲之变

朱全忠向来与敬翔推心置腹，敬翔直言不讳地戏谑他在伪装，他倒也毫不忌讳，讪笑道："哈哈，先生不愧神机妙算，本王还未道出什么端倪，恐怕就已被先生猜中七八分。既如此，本王就不赘言，德王李裕意图谋反，已勾结吴王杨行密里应外合，不知先生打算如何处理此事？"

敬翔慈眉紧蹙，叹了口气，道："天下无常主，梁王若欲取唐而代之，不过是效仿高祖皇帝代隋罢了。这大好山河，本就非一人之天下，乃是我千千万万百姓之天下，有能者自然问鼎天下。只是依老臣愚见，梁王未免操之过急。梁王自问，雄才武略比魏武帝如何？"

朱全忠略显尴尬，怔了一会儿，却并没有直接回答敬翔的提问，而是含蓄地答道："魏武帝文韬武略，知人善任，自是人中俊杰。本王嘛……不知先生如何突发此问，今日之事，与魏武帝何关？"

朱全忠惯用诈术，后人皆称曹操乃奸雄，对他贬多褒少，然而朱全忠却不以为然，他认为在上者用权术驭下乃天经地义，是以对曹操极为推崇，敬称其谥号而并不直呼其名。敬翔素知其推崇曹操，便欲以魏武故事劝谏朱全忠暂缓称帝，遂语重心长道："梁王啊，梁国之地可有魏国之广？梁王之谋又可与魏武并论？且唐室之失民心不如后汉，晋王之辈又堪比孙刘，以前魏武帝一统中原尚不愿称帝，梁王今日又何必如此心急？"

"本王与魏武帝不同，魏武帝世受汉恩，他绝非不能称帝，是念及旧恩，心有不忍罢了。况且，晋王之辈不过鲁莽勇夫而已，怎可与孙刘相提并论！大丈夫生于世，当建功立业，遗惠于后世。现今大业唾手可成，先生不要再犹豫不决，当断不断反受其乱，多少英雄豪杰就是败在行事不果断之上！"朱全忠欲令智昏，显然听不进任何劝谏他暂缓称帝的意见。他此刻有些不耐烦,觉得敬翔此人虽足智多谋,但行事也未免过于谨慎,有时絮絮叨叨个没完没了,让人不堪其扰。

敬翔素知朱全忠急功近利的个性,在打算劝说他暂缓称帝时,就已做好被他断然拒绝的心理准备,但此刻听得他如此疾言厉色,仍不免有些失落。他面容凝重,长叹一声,顿时恻隐之心由衷而发,道:"士为知己者死,梁王若不听老臣愚见,老臣自当尽忠竭力,以全梁王的鸿鹄大志。只是有个不情之请,当今天子的几个兄弟都是平庸之辈,又在梁王的掌控之中,绝不会败坏梁王大事,可否饶其一死?"

朱全忠自与敬翔结识以来,肝胆相照,他虽好猜疑部下,却从未对敬翔有甚防范。此刻见敬翔为唐室诸王求情,也丝毫不觉他有背叛之意,反倒忍俊不禁,道:"哈哈,书生们真是有趣得紧,总是那么满口仁义道德。如果光靠仁义就能成事,本王还要军队做甚?先生啊,你可不是那般空谈仁义的腐儒,今日怎的有妇人之仁?"

敬翔向来足智多谋,且懂得随机应变不拘泥于常规,而非纸上谈兵的迂腐书生。缘于此,他也瞧不上那种满口圣人之言而不知变通的士人。他认为那些士人只知高谈阔论,苛求小仁小义而不知天下大义,喜好肆意批判而沽名钓誉,似是而非的道理说得头头是道,却终究只是纸上谈兵,不足成事。尽管他劝谏朱全忠不杀昭宗诸子是为良言,但可惜人皆有虚荣之心,朱全忠戏谑其谏言是妇人之仁,让他一时语塞竟引以为羞,微黄的脸上泛起丝丝绯红,加之他自知无法说服朱全忠,只得讪笑道:"老臣也是为梁王的声名着想,既然梁王不在乎,那便当老臣没说。"

朱全忠将了将领下的浓须,笑道:"此事先生就无须担心了。德王李裕潜通外敌,意图谋反,本王只是奉旨行事而已。"

敬翔道:"也罢,既然梁王之意已决,老臣再横加阻拦便是不通情理了。"敬翔之所以能成朱全忠心腹,除了感念知遇之恩对其赤诚忠心之外,便是他颇识进退,对于无关生死存亡的事情,他在力劝之后若不得朱全忠允准,便缄口不再多言,以免徒增烦恼。但这在客观上却加深了朱全忠对他的赏识,虽直言劝谏,但不顽固逆命。

朱全忠怔了须臾,道:"先生这几日就好生休养吧,过些日子,本王或有大事须劳烦先生。"朱全忠言外之意,即不要敬翔参与诛杀昭宗诸子之事,因为他知道敬翔仍然于心不忍,遂不愿以杀戮之事难为他。这点敬翔自然领悟,只见他嘴角露出一丝似有似无的微笑,感激地朝朱全忠颔首应允。

李振作为朱全忠的心腹,曾奉旨朱全忠弑唐昭宗,事成,朱全忠对其信任仅次于敬翔。李振也是个不第书生,他自负其才,但数次科考均不得意,遂趁天下大乱,愤然从军任职。他曾出任过金吾将军,后又改任台州刺史,只因中途出了变乱,未及赴任,遂投入朱全忠帐下为幕僚。

李振也足智多谋,与敬翔一样,深感朱全忠的知遇之恩,对其较为忠心。不同的是,敬翔若与朱全忠产生分歧,力劝无效之后便缄口不言,而李振若与朱全忠意见相左虽也会劝谏,但往往稍劝辄止,偶尔还以谄谀之词博朱全忠欢心。所以朱全忠始终敬重敬翔。

在对待昭宗诸子的问题上,李振与朱全忠不谋而合。这倒未必是他又想谄媚朱全忠,而是此人本就不如敬翔那般仁而爱人,加之他科考不第,全凭一身胆色与谋略才拼得今日之地位,并不像一般高中的士人那样深受唐廷隆恩，真正让他平步青云的是梁王朱全忠，他出于知遇感恩而为朱全忠扫除隐患自在情理之中。然而人的感情是复杂的，做事的动机也往往不可能完全单纯，李振想替朱全忠扫除隐患，也未必不怀有邀功求赏的目的，尤其是想通过这次立功力压敬翔而成为朱全忠的头号心腹。

于是，他向朱全忠献计，邀请昭宗诸子到九曲池赴宴，在宴席上将这些无权无势的皇子解决。朱全忠采纳了这个毒计。

不久之后，正逢社日。社日是民间祭祀土地神的日子，在这一日百姓们往往相聚宴饮。朱全忠于是以此为由，邀请昭宗诸子参加社日之宴。诸皇子大多没有怀疑，都为朱全忠的盛情相邀而窃喜，唯独德王李裕稍有不祥之感，但迫于形势也不好贸然拒绝，只得怀着侥幸心理赴宴。

待诸皇子入席，朱全忠坐在主席上露出一脸憨厚，举杯道："承蒙陛下厚爱，让本王镇守一方，辅卫我大唐天下。今全忠又有幸与诸位王爷畅饮，人生如此，夫复何求！诸位王爷，来来来，请与全忠尽饮此杯。全忠先干为敬。"

诸皇子见朱全忠一饮而尽，竟有受宠若惊之感，慌忙举杯畅饮，以答谢梁王的美意。朱全忠见状颇有自得之感，于是他不断向诸皇子敬酒。诸皇子见朱全忠如此热情，皆以为他不会有什么敌意，以为这意味着他们将来还可以做个衣锦富贵的悠闲王爷，遂开怀畅饮，大有不醉不归之意，就连德王李裕也逐渐放下戒心。

酒过数巡，诸皇子都颇有醉意，德王李裕也有些摇摇晃晃，语无伦次。就在诸王都以为要散席之时，朱全忠陡然变脸，大喝一声："德王李裕意图谋反，诸位王爷可知否？"

一个穿淡黄色长袍、脚踏青色长靴长着一对剑眉的青年男子，陡闻这杀气重重的一喝，顿时一阵战栗，酒醒了七八分，之前放松的神经也敏感起来。此人正是德王李裕，没有一点点防备的他，突然被朱全忠这一声呵斥惊得一时语塞。而其他皇子都喝得醉醺醺的，听到朱全忠的喝声，毫无惧意，反倒在酒精的刺激下大喊大叫起来。

朱全忠倒毫不在意，他认为，诸皇子愈是烂醉如泥愈好，免得动刀子时鬼哭狼嚎地求饶，给自己添麻烦。于是他索性不再理睬正发酒疯的诸皇子，而命部下持白绫将其全部勒死。在旁观看的德王李裕吓得脸色惨白，颤声问道："梁王你……你干什么？我诸位皇弟皆是先皇的骨肉，何故要惨遭你毒手？"

"何故？你裹胁诸王意图谋反还问何故？"朱全忠毫无赧容，怒斥道，"你既是先皇骨肉，为何要倾覆先皇社稷，还要胁迫手足行篡逆之事？"

李裕的脸色忽然由惨白涨得通红，忙不迭道："你，你胡说八道！你说本王谋反，有何证据？"

"还不承认是吧！"朱全忠随手把案上伪造的举报信丢到李裕跟前，冷冷道，"有人都告到本王这里来了，你还有何好说的！"

李裕颤颤巍巍拾起举报信，战战兢兢地扫视了一遍，冷笑道："欲加之罪，何患无辞，朱全忠你要杀便杀，何必栽赃陷害！"

朱全忠反唇相讥道："每个反贼起初都说自己是冤枉的，你说你没有谋反之心，谁能证明？不能证明，就是谋反坐实！"

"你……你……"李裕愤怒地用手指着朱全忠，气得半晌说不出一句话来。

面对朱全忠如此强词夺理、如此无耻，李裕纵然巧舌如簧，又何能为？他深知朱全忠这是想以莫须有的罪名置他于死地，自己是非死不可了。但他实在不甘心蒙受不白之冤，惊惧与悲愤之下，他绝望地控诉道："奸贼害我，本王无罪。"说罢竟纵身跳入九曲池之中，在水中挣扎了一会儿，便溺亡了。

朱全忠见德王李裕已死，遂令部下将其遗体打捞上来，与诸皇子的遗体一并运出宫外，找了个荒无人烟的地方草草埋葬。

此事处理完后，朱全忠对外声称德王李裕裹胁诸王谋反，在社日之宴上酒后吐真言，酒醒后见事情败露，与诸王一同畏罪投水自尽。当时上至朝廷下至江湖，根本无人相信朱全忠，但朝廷与梁国境内任谁也不敢拆穿其谎言。朱全忠也非是要以此言避祸，这只是惯于伪装的他为自己蒙上一块事实上并不管用的遮羞布而已。

作威作福

杀昭宗皇帝的几个皇子,为朱全忠将来称帝扫除隐患,李振是功不可没的。尽管他实际上并不能因此力压敬翔,成为朱全忠最信赖的心腹,但毕竟朱全忠对他的信任又增添了几分。

朱全忠心里也明白,李振此人为达目的不择手段,这样的人忠诚度肯定值得怀疑,至少相比敬翔要逊色几分。但人往往是感性处事的,李振助他除去隐患,而敬翔偏偏不予配合,朱全忠尽管毫不怀疑敬翔的忠心,但多少有点心里不痛快。所以,在九曲之变的那段时间里,朱全忠待李振比敬翔更亲近,凡军国大事无不咨询。

时光荏苒,九曲事变已过了差不多两个月,朱全忠在洛阳梁王府邸也听到了一些传言,当朝宰相裴枢、崔远虽对他杀害昭宗诸子不敢当庭斥责,但私下里颇有怨言。朱全忠心里有些不安定,他是个谨慎之人,即使裴枢、崔远只是光杆宰相,他也担心终有一天这两位老臣将利用其威望,在暗中掀起一股反对他的浪潮。

他需要防患于未然,杜绝任何一丝可能的隐患发生。在朱全忠看来,最好的方法莫过于罢黜两位宰相的职位,让自己的心腹担任。

然而朱全忠对此也冥思苦想了一番,他手下的文官谁最适合接替洛阳朝廷里的宰相之位呢？敬翔肯定不行,李振也不行,朱全忠离不开他们两人,还得依靠两人为他出谋划策,怎么可能让他们去接任傀儡朝廷里的百官之长？

思索无果之下,朱全忠决定找李振商议。

李振似乎对此早有考虑,他不假思索地说出了一个名字——柳璨。

此人是书法大家柳公权的族孙,进士出身,当年颇受昭宗皇帝赏识,仕途得意,为官四载便做到了大唐礼部尚书。但也因升迁太快,遭到了朝臣们的嫉妒与排挤,在朝廷孤立无援。柳璨这人是个典型的投机主义者,他见唐室衰弱、帝业凌迟,不愿为唐哀帝李柷卖命,一心想投靠实力强盛的朱全忠。

李振得知这一情况,想将他引为党援,于是倾心与他交往。这两个人,一个是落第的书生,一个是被朝中大臣孤立的进士,也颇有共同的话语。

李振作为一个落第书生却成为朱全忠的股肱大臣,颇为自鸣得意,也由此产生一些极端思想。他总是有意无意地表现出看不起朝廷上那些靠科考入仕的大臣,认为那些书生除了舞文弄墨之外并无其他本事,尽管他内心深处也为当年落第而感到遗憾。

柳璨与李振一样,也瞧不起朝中大臣,因为他认为那些人只是坐而论道的庸才,喜欢以资历凌驾于他这样年轻的能臣之上,这也让他觉得科举制下的所谓人才都是百无一用的书生。但很显然,他同时也认为自己属于这个制度下的另类,颇有些众人皆醉我独醒的自豪感。

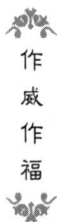

作威作福

柳璨与李振不同的是，李振尽忠朱全忠有报答知遇之恩的成分，尽管这种成分究竟有多少值得商榷，但相比于柳璨的一心投机，差别还是非常大的。不过，这并不妨碍他们两人相知相交，毕竟他们既有共同语言，又彼此存在利益关系。柳璨一心一意想成为朱全忠的股肱，也早想与朱全忠身边的红人攀上关系，以求上进之路。见李振主动找上门来，他没有任何理由不倾心交结。

现在，柳璨的机会终于来了，李振在朱全忠面前不吝美言："柳璨乃是书法名家柳公权族孙，在民间颇具声望，当前又是朝廷礼部尚书，由他来接任宰相，微臣以为再适合不过。"

"本王可听说朝臣们都对他不满呀，指责此人张扬跋扈，弹劾他的奏折都送到本王这儿来了。"朱全忠显然觉得柳璨有点不靠谱。

"那倒也未必真是他跋扈，"李振解释道，"此人升迁过快，如今才三十的年纪，就做了礼部尚书，朝臣们这是嫉妒他呀！再说了，梁王，您难道愿意让一个和洛阳朝廷里大臣相互结党的人做宰相吗？如果梁王让柳璨担任宰相，他的职位就更高，朝廷的大臣们就会更嫉恨他，更加不遗余力地排挤他，如此，柳璨势必得死心塌地地效忠梁王，因为只有梁王才能保证他在朝臣的围攻之下还能屹立不倒啊！"

朱全忠"嗯"了一声，蜡黄的脸盘上似乎略微泛起羞愧之色，他连忙补充道："先前担心先生举贤唯亲，故而有此一问，想不到先生所见和本王相同，那还烦请先生和柳璨另行商议，时机成熟了，本王就让他接任宰相。"

"商议"二字自然另有深意，朱全忠很少亲自谋划构陷于人，皆是他暗示属下所为。要让柳璨接任宰相之位，须先罢免当朝宰相裴枢、崔远的职位，但不管这两位宰辅大臣如何徒有虚名，总不能平白无故地将其罢黜，总得找个借口。朱全忠希望李振与柳璨共同谋划，毕竟将来接任宰相的不是他朱全忠。但是谁最希望将朝廷宰相换成自己人，最终可能得利的又是谁，朱全忠则选择性遗忘。

李振得到了朱全忠的暗许，当即告知柳璨，与他谋划构陷裴枢、崔远。这件事情说来也是小事一桩，毕竟朱全忠大权在握，罢黜两位宰相不过是一句话的事，之所以还要玩这么一手诬陷，纯属走形式而已。

在几天之后的朝会上，柳璨突然当众弹劾裴枢、崔远两位宰辅，指责两人"怨望非常，似有不臣之心"。李柷依然像个木人似的呆坐在龙椅上，目光呆滞，一言不发，似乎朝廷上所发生的事情与他毫不相关。

这倒也是，李柷不过是供奉起来装饰门面的。朝堂之上，他是一个所有人都不容忽视的背景，虽不可或缺，但没有任何表现的机会，真正的主角是朱全忠。

面对柳璨的弹劾，朱全忠装出很哀痛、惋惜之状，说道："本王原本以为裴、崔两位宰相都是难得的忠臣，想不到竟然想干这种篡逆之事，这是本王的失察啊！念在多年同僚的情分上，本王猜想两位宰相只是一时糊涂，还请陛下从轻发落。"

朱全忠装模作样地朝李柷行了个拱手礼。李柷似乎受了惊吓，又或者走神了，思绪已不在朝堂上，毕竟没有谁有耐心一本正经地做傀儡。他丝毫没察觉到朱全忠虚伪的请示，还坐在那发愣呢！他只是个孩子，少年时不切实际的遐想总是该有的。

朱全忠没有感到尴尬，他还犯不着和孩子较劲，他提高了嗓门，庄重地说道："陛下，臣请陛下从轻发落！"

李柷被吓得一愣，尽管朱全忠的语音既不大又不严厉，但正在发愣中的他被这声音一打搅，醒过神来，难免一时无措。他本就是个傀儡，畏朱全忠如虎，也清楚自己在国家大事上没有任何发言权，只能唯唯诺诺，按朱全忠的意思行事。

于是，他完全不在乎刚才发生了什么，他也不需要知道刚才发生了什么，只需要表达对朱全忠的赞同便可。这点他做到了，尽管他的语音颤抖，神色略显紧张，但他终究还是说出了那句话，那句朱全忠希望听到的话——依梁王所奏。

朱全忠嘴角微微上扬，又泛起了笑意，他得意地扫视了跪在地板上的两位大唐宰相，见他们耷拉着脑袋，两股有轻微的战栗，一言不发，与之前的疾言厉色大相径庭。

柳璨刚开始弹劾裴枢、崔远有不臣之心时，两位宰辅义愤填膺，怒目攘臂，痛斥柳璨含血喷人，并拱手请朱全忠明鉴。是的，他们毫无忌讳地无视朝堂上的天子，将辩诬的希望寄托在了朱全忠身上。毋庸置疑，他们是忠臣，但并不愚蠢，龙椅上的天子呆若木鸡，不知是正在发呆呢，还是被吓呆了，总之他只是个供人拜奉的摆设，能不能逃脱柳璨的构陷，还得手握生杀大权的朱全忠说了算。

然而朱全忠全然没有理会他们，只是"请示"李柷从轻发落，这也就意味着，朱全忠相信了柳璨的弹劾，而且是不假思索地相信。这一切可以说水落石出了，两位宰相大人陡然一震，恍然大悟，真正要构陷自己的，不正是朱全忠吗？从轻发落已然是朱全忠的底线，如果这时他们还不识趣、不依不饶地争辩，下场恐怕就是从严发落了。

朱全忠很满意这样的结果,但戏还是要做足,他有时很冷酷,但人是矛盾的综合体,有时他也心软。构陷两位宰相,要罢免他们的官职,已然有愧于人,如果还表现出一副趾高气扬、盛气凌人的神色,羞辱这两位颇具人望的宿旧,未免太不近人情。

只见他以一种少有的谦卑,俯下身子,平静地问道:"两位大人可还有异议?"

裴枢、崔远仍旧是一言不发。他们还能说什么呢? 辩解,徒劳无功,还可能招来杀身之祸;认罪,心有不甘,一辈子忠于朝廷,到头来总不能承认自己是反贼。沉默了片刻,裴枢终于还是开口了:"老臣问心无愧,无话可说,全凭梁王公断。"

朱全忠知道,裴枢心有不甘,面对强权却又无能为力,只能向现实妥协,他猜想崔远也应该是如此。"那崔大人呢? 您可有什么异议?"朱全忠语气依然平静。

崔远的回答也和裴枢一样,有些模棱两可,既不认罪,也不辩解,他摇了摇头,有气无力地说道:"臣,也无话可说。"

"裴枢、崔远心怀怨恨,有不臣之心,本是十恶不赦的大罪,念在陛下仁厚,二人又为官多年,兢兢业业,可免除死罪。然而活罪难逃,现罢黜裴枢、崔远二人宰相之职,降为平民,永不叙用!"朱全忠越过李柷与刑部,对裴枢、崔远当朝宣判,并命令武士将其拖下朝堂,百官无不跪伏,称赞他英明仁厚。

坐在龙椅上的李柷颇有些尴尬,虽然他只是个傀儡,但想不到朱全忠此刻连戏也不做了,难道是一时得意忘形不慎露出了狐狸尾巴? 或者他不想让朕当这个皇帝了?

正思考时,朱全忠又突然朝李柷拱手朗声道:"朝廷不可无宰,

作威作福

百官不可无长,礼部尚书柳璨才学非凡,屡蒙先帝优待,臣请擢升柳璨同平章事,不知陛下意下如何?"

李柷心里惊了一下,但也顿时安定了,他故作镇定,脸上有些不自然的神色,说道:"准梁王所奏!"

话音甫落,一个三十岁左右穿紫袍中等身材的文官连忙跪下,感恩戴德地叩谢朱全忠,同时也不忘装模作样地叩谢李柷。朱全忠垂首看去,只见此人长着一张俊秀的国字脸,唇上一道八字微髭,貌若忠厚,但目光略有浑浊,正是刚升任宰相的柳璨。

升迁为名不副实的大唐宰相,柳璨春风得意,这倒不是因为他贪图宰相的虚名,而是他知道,他是朱全忠"钦定"的大唐宰相,也就意味着他成了朱全忠的人。在其后的一段时间里,他虽然依旧那么自负,在朝廷大臣面前依旧那么盛气凌人,但也与他平常的作风无二,朝堂上并没有掀起什么波澜。

可随着朱全忠对他的亲近,他有些飘飘然了,自以为是除敬翔、李振外,朱全忠的第三号谋士、心腹大臣。他知道,朱全忠有横扫六合之志,迟早要取唐王朝而代之,因此更加轻视朝廷大臣,甚至连唐哀帝李柷也越来越不放在眼里。在他看来,洛阳宫内徒有其表的君臣终将沦为亡国君臣,而他柳璨,则是新王朝的开国元勋、柱国大臣,两者根本就不是一个世界的。

如此张狂自傲,柳璨不自知,他正在为自己埋下祸根。他的盛气凌人终将吞噬自我,其下场还未必比得上洛阳宫里的傀儡君臣。这自然是后话,暂且不表。

一日朱全忠偶感不适,又恰好当天有彗星出现,这在世人看来是不吉祥的。朱全忠尽管不笃信鬼神之说,但总感觉近来事事不顺,心里自然也不畅快,于是命柳璨请来宫里的司天丞,测验下吉凶祸福。

柳璨在朝廷上作威作福,惹得满朝愤慨,已经有三十多位大臣联名反对他,打算到朱全忠那里告状。柳璨很想除掉他们,但毕竟没有生杀大权,他只是自恃傍上了朱全忠这个权臣,狐假虎威而已。恰好朱全忠要他召司天丞测验吉凶,他于是叫了个懦弱而又贪婪的司天丞,对其威逼利诱,要他利用彗星之事大做文章,以图除掉政敌。

到了梁王府,司天丞一番故弄玄虚,煞有其事地对朱全忠说:"自古以来,彗星降落都视为不祥之兆,老臣记得,周朝与秦朝灭亡前,都曾出现过彗星降落的异象;王莽篡汉,义军攻破都城的前晚,也有彗星降落,新朝于是就灭亡了。"

这些所谓的事实,其实都是司天丞胡编乱造,但所谓听者有意,尤其是司天丞说王莽灭亡前,也有彗星降落,现在朱全忠有取唐皇室而代之的野心,而这彗星也随之而来,难道他终究会步王莽后尘?迷信这种东西,一旦威胁到自身的利益,人们往往是宁可信其有不可信其无,可朱全忠却大喝一声:"一派胡言!天象与人事,本不相干,你们这群书呆子就爱装神弄鬼,以此来糊弄帝王,沽名钓誉!"

这一喝声震如雷,连堂外的卫士也听得一清二楚,吓得司天丞不禁跪伏在地,浑身发抖,连忙请罪:"臣不敢胡言,请梁王恕罪!"

柳璨这时也在一边打圆场:"梁王,这种事情宁可信其有不可信其无啊,依微臣看,还是再问问清楚吧。"

朱全忠乘机借坡下驴,肃然道:"本王恕你无罪,你说说看,这究竟是怎么一回事?若上天降灾,又将如何消除?"

司天丞惶恐地瞟了一眼柳璨,见柳嘴角浮现一丝狡狯,略微点头示意，便朝朱全忠说道："上天降下彗星以示警诫，必然是人间出现了乱象，或有奸臣祸乱朝纲。若要消除未知的灾难，倒也简单，除掉奸臣便是。"

朱全忠勃然大怒，猛地一脚踹向司天丞，呵斥道："你再胡言乱语，本王立刻就取了你的狗头！"

司天丞被踹了个人仰马翻，倒在地上，连官帽也掉了。他也顾不上整理仪容，连忙跪在原处求饶："臣一时失言，请梁王恕罪！梁王，臣年老昏聩，才会说出这种愚妄之言，饶了臣下吧！"

柳璨见状不妙，连忙呵斥司天丞："什么奸臣不奸臣的，把话说清楚！"

司天丞哽咽道："梁王有所不知，朝堂之上有奸臣啊！"

朱全忠见司天丞说的不是他，不由得"哦"了一声，问道："你所说的奸臣，都是哪些人啊？"

司天丞义愤道："臣数不过来啊！臣只知道，为首的是裴枢、崔远两位前宰相，他们因被罢职而心怀怨恨，与许多京官暗通款曲，诽谤朝廷，还……还暗中辱骂梁王！"

在惊惧之下，司天丞越说越激动，不由得潸然泪下，好似感同身受、苦大仇深："他们相互结党，为所欲为，就想让臣伪造天意，欲行不轨。臣胆小，不敢为之，他们羞辱臣，臣这些年来也深受其害。"

朱全忠半信半疑，道："那你为什么不早说？"

"臣不敢啊！他们连柳大人都不放在眼里，臣区区一六品芝麻官，怎敢与他们作对？"

朱全忠又朝柳璨问道："有这么一回事吗？"

柳璨不好借题发挥，毕竟他不是懦弱之人，又是朱全忠安插在洛阳朝廷里的心腹,如果大肆污蔑朝廷大臣,称自己早就清楚朝堂大臣的飞扬跋扈,朱全忠难免怀疑,你柳璨为何不禀告于我?这样就会弄巧成拙,显得虚假。

只见他若有所思,好像明白了点什么,说道:"平常倒没觉得什么,大臣们向来对臣有异议,这个梁王是知道的,所以他们在背后骂臣,臣也见怪不怪了。"

柳璨所指,即他因升迁太快而遭受朝臣嫉妒、排挤的事,这件事朱全忠再清楚不过。柳璨拿来说事,是想给朱全忠造成一种他的话可信的假象,以增加他后面所说之话的可信度。

"但是自臣担任宰相以来,就总觉得很多大臣都在躲着臣,臣初我也没怎么在意,以为是他们以前排挤臣,担心臣做宰相了,会打击报复吧。现在听到了这些事情,微臣也觉得,此事必有蹊跷。"柳璨不紧不慢地说道。

朱全忠沉思了片刻,说:"那你认为该怎么办?"

柳璨说:"还是查清楚比较好。"

朱全忠"嗯"了一声,厉声对司天丞说道:"你先退下吧,今日之事,不要对朝中任何大臣说起,如果有半点泄密,本王绝不饶恕!"

司天丞诚惶诚恐地说了声是,徐徐退下。

朱全忠似乎略有怀疑司天丞借彗星之事报私仇,待他退走,连忙问柳璨:"此人所说之言可靠吗?会不会是有人借机大做文章。"

柳璨故作平静道:"依臣看此人不太可能胡言。此人生性懦弱,刚才梁王稍微一呵斥,他吓得魂都没了,断然不敢借机闹事。再说了,彗星降落是事实,臣也略有所闻,这事不吉利,梁王还是防着点为好。"

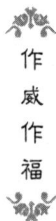

"这倒也是,宁可信其有不可信其无",朱全忠平静了下来,淡然道,"这件事本王就交给你去调查。记住,成大事者不拘小节,不能放过任何一个可疑之人。"

屠戮清流

朱全忠的意思很清楚，宁可错杀，也不能放过一个可能存在的隐患，事情的真假似乎变得无关紧要了，他就是要借此机会大开杀戒。这正中柳璨下怀，有了朱全忠的授意，他便可舞弄文法、横加牵连，将政敌一网打尽。

不过数日，柳璨就将所要构陷的人员名单拟好，他们是以裴枢、崔远为首的朝廷大臣，共计三十三人。柳璨对朱全忠说，这些人都是与裴枢、崔远里应外合，意图对朝廷和梁王不利的祸乱分子。

朱全忠很随意地瞟了一眼名单，脸上没有任何疑色，却又犹豫道："裴枢和崔远已经遭受惩处，现在是平民了，本王看掀不起什么风浪吧。"

柳璨见朱全忠有不忍之意，赶忙怂恿道："此二人官职是被罢免了，但威望还在，出了朝廷，避开了您的眼线，就可以更加肆无忌惮地与朝臣勾结。"

朱全忠道："既然如此，就把他们流放岭南，如何？"

柳璨急了。他是个睚眦必报之人，在他担任礼部尚书时，裴、崔二人曾弹劾他行止轻浮，不配做朝廷大臣，更不配在礼部为官。现在柳璨一朝得势，势必要报复两人，以报昔日之仇。只见他疾言道："梁王，此事万万不能有妇人之仁。裴枢、崔远皆是当世清流望人，此类士人最好招惹是非，目中无人，喜好与朝廷唱反调，以此沽名钓誉。臣猜想，民间那些不利于您的传言，多半是他们暗中放出来的。"

这次柳璨算是抓住了朱全忠的喜恶。朱全忠是个不折不扣的实干派，他平生最厌恶的就是清流士人，他认为他们只是徒有虚名的腐儒。在他看来，这样的士人在朝堂上因循守旧、唯唯诺诺，出了朝堂则心毁腹谤，甚至通过抨击朝廷大政来体现自己的高明，以此沽名钓誉。然而这种人毕竟只是纸上谈兵，真给予实权让他们从政或领兵，又一筹莫展，无所作为。

此时，朱全忠怒气横生、杀心顿起，问柳璨道："这等乱臣贼子，专门扰乱朝纲，他们不是自诩清流吗？本王偏偏要让他们成为浊流！"

翌日，朱全忠将柳璨所拟名单交给蒋玄晖，命他按名单抓捕朝中大臣。一时间，朝中人心惶惶，风声鹤唳。

蒋玄晖自逼死昭宗以来，又参与了谋杀昭宗诸子，现在又奉命逮捕朝中清流，俨然成为朱全忠的杀人机器。朱全忠也因此待他不薄，升他为枢密使，并掌握一支精锐亲兵，成为朱全忠的禁卫军统帅与特务头子。不过他也许并不知道，朱全忠信任他却不重视他，如有必要，朱全忠可以毫不犹豫地牺牲他来成全自己。

这大概是所有帝王鹰犬的宿命吧。

蒋玄晖心狠手辣，为了早些完成朱全忠的命令，凡在抓捕过程中抵抗的官员，一律痛打，直到束手待捕为止。有些官员性子倔，自恃清清白白，仰俯无愧于天地，口不择言地谩骂朱全忠，竟被蒋玄晖命人打得奄奄一息，抬进牢狱。不过一日，蒋玄晖便将三十一位朝廷命官全部逮捕入狱。

此事震惊朝野。还在返乡途中的裴枢、崔远闻此噩耗，惶惶不可终日，深恐被朱全忠加害。裴枢和崔远自从被朱全忠罢黜，也想早日离开这个是非之地，只在洛阳待了不足一月，便拜别朝中故旧，匆匆离京。如今归途未半，就听闻朱全忠大肆抓捕朝中清流，还风闻自己也是被抓捕的对象，真可谓是祸躲不过。两位前宰相虽不同途，但心中所想无异，不奢求避祸苟活，但求不要牵累家人。

这件事也让多日不预朝政的敬翔如坐针毡。他倒不担心朱全忠横加杀戮，将血腥的屠刀指向自己，而是由衷地同情那些将要无辜受戮的士人，毕竟从本质上说，他也是个士人。

敬翔终于按捺不住，在朝会上劝谏朱全忠，希望他刀下留人。

敬翔虽是朱全忠的谋士，但名义上他还兼任朝廷光禄大夫，为朝廷同僚辩护，于情于理都说得过去。朱全忠向来了解敬翔，对敬翔突然出现在朝会上的用意自然一清二楚，但他主意已决，冷峻的脸盘上浮现的是可怕的坚毅，他势在必行。

朱全忠大步迈上陛阶，站在蜷蜷缩缩的李柷面前，信手拿出早已拟好的诏书，趾高气扬地宣读罪状，要将所抓捕的朝中清流全部处死。一时满朝震惊，朝臣之间面面相觑，眼神里闪烁着恐惧之色，但没有谁敢置喙一词。

朱全忠得意地瞟了一眼畏缩不前的朝臣，但他没有放松，他在等着应付一个人。

他知道敬翔一定会劝谏的。果然,敬翔挺着笔直的腰板,昂首迈出朝列,朗声道:"老臣敬翔请求陛下、梁王从轻发落。"

朱全忠道:"先生不必再求情,此三十一人欲行不轨,罪大恶极,本应诛九族,如今陛下仁厚,赦免其家人,仅以身死,已经是天恩浩荡了!"

敬翔道:"一群书生哪来的胆量作乱,也顶多是喜好非议朝政,得理不饶人罢了! 即便有罪,也罪不至死啊,还请梁王明鉴。"

朱全忠怫然道:"先生可不就是书生?"

这一反问,把敬翔问得一时语塞,哑口无言。是啊,你敬翔不也是区区一书生吗,如今不照样投在我朱全忠旗下,为我有朝一日代唐自立而出谋划策? 这站在朝廷的立场上说,可不就是颠覆社稷的造反死罪? 你敬翔还敢说你忠于唐室,不愿辅佐我朱全忠改朝换代吗?

不过敬翔究竟是善辩之人,他怔了片刻,话锋一转,道:"梁王可有……"

话说一半,敬翔又戛然而止。他原本准备质问朱全忠可有什么证据能够证明所抓捕的朝臣有谋反之心,但顿时想到朱全忠可能只是凭空污蔑,如果这样说势必让他下不了台,到时不仅于事无补,还可能让朱全忠气急败坏,杀更多的人来泄愤。

但把这些话贸然收回也不妥,话说一半而止,难免让人怀疑心里揣着的那些秘密,只见他灵机一动,连忙补充道:"梁王可有想过,杀了这些大臣,天下人会如何看? 他们会不会说梁王屠戮士人,是残暴之主?"

朱全忠素来在乎外间声誉,这要在以前,倒也是他的软肋。但今时不同往日,朱全忠篡唐的欲望越来越急切,都快被欲望冲昏了头脑,外人对他的很多谩骂他已然不在乎,除非当面骂他有篡逆之心。

这时他已不想再和敬翔纠缠下去,厉声道:"先生不要再说了,本王依法办事,主意已决,再多说也无益!"

敬翔叩泣道:"梁王请三思啊!"

朱全忠没有理会,扬长而去。

是夜,朱全忠命蒋玄晖将三十一位朝廷大臣全部鸩杀于狱中。蒋玄晖临行前,朱全忠还不忘嘱咐他,一定要让这些清流死后沦为浊流。朱全忠如此心狠手辣,并非不知道天下士人会因此而寒心,怨恨、咒骂之言也会纷至沓来,但他认为必须杀鸡儆猴,不能让朝廷再出什么乱子,以免祸起萧墙,断送他的帝王之业。

他就是这样的自以为是,喜弄权谋之术,并津津乐道于其驭下有方,殊不知冤杀错杀了多少人!他也并不担心有实干才华的读书人不来投奔他,他认为在这乱世,哪个才子不想建功立业?才子们都只在乎跟着谁更有前途,谁会在乎他将来的主子杀过几个人?而他是当今天下最有权势的藩王,挟天子以令诸侯,谁跟着他谁就拥有不可限量的前途,因此他认为只要善待那些忠于自己的士人,就能够笼络到更多的人才。

作为一个雄才大略的诸侯,朱全忠品性暴戾嗜杀,但也确实爱才。不过,他爱的是敬翔、李振那样的实干派、能臣,而不是纸上谈兵、性格狂傲的清流。柳璨所逮捕的那些清流,他并非不怀疑,他们或无谋逆之心,但他却坚信,他们轻视、敌对他,只是敢怒不敢言而已。今天,他就要好好羞辱一下这群所谓的名士。

于是，蒋玄晖奉朱全忠之命行事，连夜将三十一位朝廷大臣的尸体运到黄河边，将其全部投入滚滚倾泻的黄河水中。

古老的黄河沉淀了太多岁月的痕迹——泥沙。淤积的泥沙在澎湃波涛的怒吼下，惊惧地跃起，又落回激荡的黄河水中，与水融为一体，是为浊流。当清流官员的尸体被浑浊的黄河水吞噬时，变得污浊不堪，是为清流变浊流。

朱全忠就是以这种方式羞辱清流士人。

相比之下，裴枢、崔远的死，要体面一些。

当时裴枢已抵达绛州界，崔远也离博陵不远，他们一个是绛州闻喜人，一个为博陵安平人，都快抵达老家了。然而他们终究是回不了家了，因为就在这时，朱全忠的使者已赶上了他们回乡的马车。

使者没有多说，只是宣读柳璨代朱全忠所拟的天子诏书，赐两位前宰相佳酿一壶、白绫一条。很显然，这是赐死，只不过死法有两种，喝佳酿鸩死，或用白绫上吊。

天色渐渐暗了下来，春风像霖雨般扑面而来，让人有些喘不过气。两位前宰相虽身处异地，但不约而同地扒开壶盖，举起酒壶，一饮而尽。

俄顷，两位老臣腹痛难忍，如刀绞一般。挣扎了一会儿，终于口吐鲜血，倒在地上痛苦地抽搐。望着两人奄奄待毙的痛苦表情，使者冷笑一声，跨上骏马绝尘而去。

至此，朝中三十三位有名望的清流大臣，全部惨死在朱全忠的屠刀之下。然而，令人始料未及的是，悲剧还没有结束，新一轮的屠杀即将开始。

对于暴戾之主而言，屠杀也会上瘾的。第一次屠杀清流士人时，心里多少会有些放不开，对于这种陌生的血腥场面，人的本性会使之感到不习惯，会有负罪心理。但这种事只要有了第一次，打开了莫名的心结，见过了士人们痛苦的哀号，就会习惯这种血腥，觉得他们的生命根本不算什么，杀掉一个人就好像抹掉一个符号那么轻松。如果再让他遇上所厌恶的清流士人，他就会毫不犹豫地大开杀戒，享受手刃仇人般的快感。

一日，朱全忠与属官坐在柳树下乘凉。那棵柳树约莫有数百年的树龄了，硕大的躯干上沉淀了不少岁月的痕迹。枝繁叶茂，树顶犹如一个巨大的车篷，人们倚靠在树干上，一阵沁人心脾的微风拂来，是那样的令人惬意。

朱全忠一身休闲打扮，头戴软角幞头，身穿一件宽松的浅紫色长袍，悠闲地倚靠在树干上，似乎心情不错，便让一些随行的士人也坐在树下乘凉。过了一会儿，朱全忠突然自言自语道："这种柳树的木，很适合做车毂啊！"

身边的属官听到这话，没有吱声。倒是有些坐在柳树下乘凉的士人，可能出于谄媚心理，连忙起身响应："梁王说得是。"

属官们顿时七嘴八舌、异口同声，无不信口附和朱全忠，称赞他英明。这时倒把朱全忠惹恼了。这群谄谀之徒你一句他一句，喋喋不休，说个没完没了，无疑打扰了他乘凉的闲情雅致。只见他勃然大怒，厉声道："一派胡言，做车毂要用榆木，柳木如何可以？本王不过随口说说，没想到你们这些妄称清流的无知书生，只顾着溜须拍马，连常识都不顾了！"

士人们见朱全忠发怒，又惊又惧，战战栗栗、提心吊胆地跪在地

屠戮清流

上乞饶。

朱全忠余怒未消,嘲讽道:"尔等不是自诩清流么,不是讲求文人风骨么,求什么饶? 看你们都成什么样了! 尿货,贱骨头!

"尔等平常是多么清高,多么狂傲,现在你们的那根傲骨呢?"朱全忠越说越怒,"什么狗屁的傲骨! 不过是在一些没权没势的人面前故作清高,欺世盗名罢了,真遇上了本王这样的雄主,还不得阿谀奉承,丑态百出!"

"你们当中还有些人,是吃不到葡萄就说葡萄酸,心里想着得到朝廷的重用,但不能如意,便故意表现得恃才傲物,说什么不与朝中小人为伍,沽名钓誉。朝廷要真给他机会,此等人恐怕比那些朝中小人更世俗、更谄媚、更卑鄙! 知道本王为何不用清流之辈吗? 便是看穿了尔等的君子其表,小人其骨!"

经朱全忠如此犀利、不留情面的痛斥,在场求饶的士人个个既羞愧又惶恐,只是一股脑儿磕头,有的把头都磕出血了。然而朱全忠丝毫没有怜悯之意,他正在怒头上,对身旁护卫的蒋玄晖道:"蒋将军,这些谄媚之徒就交给你处置了!"

蒋玄晖顿了顿,道:"末将愚昧,还请梁王明示。"

朱全忠厉声道:"还用本王明说吗? 把附和本王说柳木宜做车毂的谄谀书生,全部给本王拖出去乱棍打死!"

话音甫落,只听哭嚎声一片,士人们的头磕得像捣蒜一样,使得怒火中烧的朱全忠心烦意乱,杀心陡增。面对浪潮般的求饶声,蒋玄晖此时还愣在一旁,不知如何是好。朱全忠厉声道:"听不懂本王说什么吗? 还不速速动手,难道要本王亲自动手不成!"

蒋玄晖应声道:"末将领命!"

说完，他连忙对属下武士道："将这一干人等，拖下去乱棍打死！"

奉承朱全忠的士人们都快瘫了，在武士的拖曳下只喘大气，却还抱有侥幸心理不断求饶。少数几个没有附和朱全忠的士人跪在地上一言不发，只求明哲保身而已。朱全忠肃声道："尔等与他们不同，被拖下去的那些腐儒谄媚本王，咎由自取。尔等将来若有作为，本王将量才委用，只要你们忠心于本王，本王担保你们前途不可限量。都起来吧。"

"谢梁王。"那些没有附和朱全忠的士人道了声谢，战战兢兢地退立一旁。

谄谀士人们的求饶声还未停止，虽然微弱，但又无比的沉重，这是他们求救的声音，他们将生存的微小希望都寄托在了这声音上。声音越来越弱，不一会儿，一阵嘈杂而又细微的哭喊声袭来。很显然，行刑开始了。

蒋玄晖命武士用粗绳将士人们捆绑在一起，然后挥起碗口粗的木棒，凶狠地朝他们身上一顿乱打。顿时惨叫声、哀号声、怒骂声如浪潮般袭来，各种声音交织在一起，响彻寰宇，连相隔数里外的朱全忠一行人都能感受到那份痛楚与绝望。

但朱全忠不为所动，表现得泰然自若，依然倚靠在柳树下，等候蒋玄晖复命。他身边的属官一个个脸色惨白，不寒而栗，连大气也不敢喘一下。

约莫过了半个时辰，痛苦的声音越来越弱，几乎听不见了。朱全忠猜想，该是行刑快结束了吧，只见他伸了个懒腰，又放松地倚靠在树干上，继续这样等待着，似乎什么也没有发生过。

又过了大约半个时辰，蒋玄晖回来复命，称行刑完毕，没留一个活口。朱全忠问尸体怎么处理的，蒋玄晖说都扔到黄河里了，不一会儿就随水流漂走了。朱全忠满意地点了点头，若无其事地打道回府。

淮南易主

对清流士人的大肆屠杀，果然让朱全忠饱受舆论攻击，虽然没有哪路诸侯肯为士人们出气，剑指梁国，但士人们为了躲避祸乱，都不到洛阳朝廷入仕。这有些让朱全忠始料未及，他本以为乱世中读书人为了建功立业可以无所畏惧，本以为只要自己能给读书人前途就可以为他们所拥护，但现实无情地扇了他一巴掌，让他很尴尬。

情急之下，他采用恩威并施的方法，高官厚禄引诱读书人投靠梁国，或是来洛阳朝廷出仕，同时以朝廷的名义征召民间士人出仕，拒不应召者以抗旨论罪。但效果不尽如人意，有的读书人为了躲避征召，不惜逃离梁国势力范围，当然也有贪图富贵或志向远大的读书人投奔朱全忠。

朱全忠对此倒也比较满意，他本就不奢望全天下的士人都来投奔他，他只是担心全天下的士人都会抛弃他而已。召命之下，既然还有读书人肯为他效力，之前的尴尬也就不知不觉地释然了。

现在朱全忠可以说不再为士人的问题担心了。洛阳朝廷里无权无势的清流士人都被他屠戮殆尽，四方而来的士人也都是冲着他朱全忠的名声与权势而来，他再也不用担心祸起萧墙了。

事实上，时至今日，洛阳朝廷彻彻底底地成了傀儡朝廷，洛阳宫殿已经沦为朱全忠的私邸，朝堂之上尽是朱全忠的忠臣赤子，听不到任何一丝不和谐的忤逆之声。改朝换代的时机成熟了吧？

还没有。

朱全忠并没有统一天下，也没有在战场上取得绝对优势，以震慑各路诸侯。尽管这些年来，梁国在战场上连战连捷，夺取了不少城池，地盘也因此扩大了不少，但并没有横扫群雄的实力。北方的晋王李克用、西北的岐王李茂贞、西南的蜀王王建、东南的吴王杨行密，虽然他们的地盘与兵力都不如朱全忠，但可以从东南西北四个方向包围梁国，一旦四王合纵，梁国势必危如累卵。

所幸这四路诸侯并不是铁板一块，甚至可以说是各怀鬼胎。李克用想做个尊王的霸主；王建与杨行密，一个坐拥川蜀，一个虎踞淮南，他们与朱全忠一样，都有称帝的野心；相比之下，岐王李茂贞的野心较小，坐观天下之衅，志在守成。李茂贞当然也有非分之想，也希望扩大地盘，但这种愿望不够强烈，他的野心就是在乱世中割据一方，或者将来天下一统作为新王朝的附庸国也成。

因此，对于朱全忠而言，李茂贞并不是他称帝最大的障碍，王建与杨行密虽然可能打着勤王的旗号讨伐他，比较难以对付，但他们毕竟也有称帝的野心，不会真为了没落的唐朝与他拼个鱼死网破，应该还有合作的余地。唯有李克用，尽管他也算不上唐王朝的忠臣赤子，但尊王是他的道义大旗，他正是凭着这杆大旗收买人心，不可能轻言放弃。况且他与朱全忠是宿敌，当年朱全忠摆下鸿门宴意图刺杀李克用，幸得他及早发现才捡回一命，此仇断然没有不报之理。

是时,晋国北部的游牧民族契丹在可汗耶律阿保机的领导下迅速崛起,并时常偷袭晋国边境,掳掠物资与人口。李克用忙于抵抗契丹的入侵,无暇南顾,朱全忠乐得坐山观两虎相斗,也省下了不少防患李克用的心思。

　　王建近年经营蜀地有方,攻取归州,占据三峡之地,又在成都设立行台,俨然割据一方的独立王国。朱全忠曾派杨师厚从光州领兵攻袭蜀地,但没有占到太多便宜,双方互有死伤,算是打了个平手。最近一年,王建称帝的欲望越来越强烈,蜀地一些溜须拍马的文人纷纷劝进,将士们为了扩张地盘也屡劝他更上一层楼。

　　因为这事,王建被弄得焦头烂额,根本无暇外顾,除了与李茂贞结盟外,蜀国对外没有发生什么大事。但王建终究没有称帝,他还在观望。在称帝这件事上,他不想成为第一个吃螃蟹的人,沦为众矢之的。他不介意步朱全忠的后尘。

　　但朱全忠还在等待时机。天祐二年十一月,朱全忠终于等来了一个好消息——吴国的噩耗。

　　这年八月,吴王杨行密病重。杨行密时年五十四岁,在七十古来稀的时代,已算得上步入老年了。现在突然病重,杨行密自度恐怕难以熬过此关,不得不思考接班人的问题。杨行密由于出身贫贱,而立之年才娶妻生子,如今膝下虽有数儿,但尚年轻,就连长子杨渥也不到二十岁。

　　按理说二十来岁的年纪也堪当大任,历史上很多风流人物不过十多岁便建功立业,如汉骠骑将军霍去病十七岁为冠军侯,唐代太宗皇帝十八岁便起兵反隋。杨渥当时已年满十九岁,难道还不能继承父亲的事业吗?遥想当年汉武帝,即位时不过十六岁,后世康熙

淮南易主

帝十五岁便铲除权臣鳌拜。

可杨渥偏偏是个纨绔子弟，举止轻浮，喜好飞鹰走狗，素无志向，虽在父亲的庇荫下担任宣州观察使，但其府中属官无不对他嗤之以鼻。杨行密也知道这个情况，他除了深以为憾外，也对将杨渥培养成才无能为力。但杨渥毕竟是自己的儿子，而且是唯一长大成人的儿子，这个儿子即便再不成器，也不能把吴国拱手让给他人。他希望杨渥是晚智，终有一天能成大器，或者寄希望于他将来的股肱大臣，又或者是他的下一代。

他终于还是倾向于让杨渥来继承吴王之位。

杨行密很想知道身边近臣对他选杨渥为接班人的看法。一日，他对判官周隐道："本王恐怕是熬不过今年了，那时爱卿以为谁可以接管吴国？"

周隐安慰道："大王何出此言？您的病很快就会好起来的。"

杨行密勉强支撑疲惫之躯，哂笑道："本王的病已到了这步田地，怕是好不了了，宽慰的话就不必说了吧。你且说说，将来何人可以继承吴王之位？"

周隐反问道："大王觉得谁合适呢？"

杨行密道："本王长子杨渥如何？"

周隐为人耿直，听到杨行密想立杨渥为世子，把脑袋摇得像个拨浪鼓似的，连忙劝谏道："大王这恐怕不妥啊！公子杨渥无论德行还是能力都有所欠缺，据臣所知，他喜好奢侈，行为放荡，轻信谗言，在外间可惹来了不少非议。臣以为，公子杨渥绝非光大基业的明主，请大王另择贤能。"

杨行密顿了顿，又问道："如果只让渥儿做个守城之主，你以为可否？"

周隐道："不可，乱世之中，群雄纷争，不进则退，不思进取则终将为进取者所吞并，守城是败亡之道。况且公子杨渥也绝非守城之主，如若大王让其继承王位，恐怕吴国上下臣僚不服，在内不足以统御文武大臣，在外不足以威震诸侯。如此的话，国内会出现非分之臣，国外则会让诸侯虎视眈眈，吴国恐有覆灭之危！"

杨行密脸上泛起一丝不悦的神色，倏忽又若无其事地问道："那爱卿以为何人继承王位较为合适？"

周隐正色道："除公子杨渥外，大王其余诸子都年纪幼小，恐怕不能控制那些骄兵悍将，反而招致其觊觎，对即位的公子不利。臣以为，大王可以遴选一位对您忠心耿耿、矢志不渝的心腹大臣，让他权领吴国军政，等到诸位公子年长，再挑选一位贤德的公子继承王位，将军政大权归还于他。如此可为万全之道。"

杨行密默然不语。他并非不清楚幼子难以驾驭骄兵悍将，也知道杨渥难以托付社稷，但在阴谋与血腥中艰难夺来的权力，怎么可能轻易拱手让人呢？权力如毒品，一旦沾上，便不可自拔，离不开它。在杨行密看来，不论今日多么可靠的心腹，一旦将权力转移到其手中，就难免产生异志。如果真依周隐所说，遴选心腹统领吴国军政，等到诸子成长之时，那位所谓的摄政大臣肯拱手归权吗？

良久，杨行密才不徐不疾地对周隐说："爱卿的意思本王都明白了，只是兹事体大，容本王再好好斟酌。"

周隐拜谢道："事关国家大计，臣仰望大王三思慎重。"

杨行密顿了顿，道："对了，爱卿替本王书写一纸书信，把杨渥召回扬州吧。"

周隐闻言,认为杨行密所谓的"兹事体大,需要斟酌"只是敷衍他,事实上杨行密内心深处早已确定立杨渥为继承人。这时他颇感尴尬,一时语塞,半晌才挤出了那么一个字:"这……"

杨行密哂笑道:"爱卿不必多想。不管如何,渥儿是本王的长子,现在本王病成这个样子了,见见自己的儿子总是可以的吧!"

周隐无言以答。是啊,病体垂危的老父亲想见儿子一面,也许是最后一面,又何错之有呢?他只能再次拜谢了一番,领命徐徐退去。

杨行密不是优柔寡断之人,但立储这件事确实太重要了,它关系到吴国将来的盛衰荣辱、生死存亡,不可不慎重。他本来已基本确定让杨渥继承王位,但经周隐劝谏,又有些举棋不定了。

时已寒冬,北风在霖雨中呼啸,湿冷的天气使寒冷渗入骨髓,病榻上的杨行密辗转反侧,痛苦得不时发出可怜的呻吟。此时的杨行密病情又加剧了。他被病魔折磨得奄奄一息,死神的利刃就悬挂在他的脖子上,随时都有可能夺走他脆弱的生命。上天留给他的时间不多了,他已没有踟蹰的资本,必须立刻确定谁是将来吴国的主人。

左牙指挥使张颢、右牙指挥使徐温,两人皆是贩私盐出身,很早就追随杨行密打天下,是杨行密的心腹爱将。病急乱投医,杨行密本不愿与武将谈论立储之事,由于文官大多反对立杨渥为世子,他只得征询这两位心腹武将的看法。

是的,杨行密还是想立杨渥为他的接班人。但他需要找一个借口,或者说需要得到属下的认同与支持,也好心安理得地立杨渥为世子。

杨行密这次终于找对人了。也许对只是暂时的,而错则是永远的。

但不管怎么说，张颢、徐温的回答让杨行密很满意："您辛辛苦苦创立的基业，怎么能够让给他人？这些年来，大王你负过多少伤，流了多少血，兄弟们都是看在眼里的，如果您不把吴国传给公子杨渥，弟兄们能咽得下这口气吗？"

杨行密不由得微微点了下头，同时也很疑惑，将士们怎么会因为自己不将王位传给杨渥而愤愤不平？杨渥可没那么得人心，而这也可能危害三军将士的利益啊。

徐温见杨行密面露疑色，赶忙解释道："兄弟们是跟大王您出生入死的，自然只会效忠您或者诸位公子，怎么可能效忠他人？再者，一朝天子一朝臣，您如果让非杨氏之人权领吴国，兄弟们会惶恐不安呀！故而，于公于私，弟兄们都不希望大王您另选旁人，愿意誓死效忠将来继承王位的公子。"

杨行密明白，徐温所谓的将士们惶恐不安，无非是担心他若将大权委托旁人，那人极可能会提拔自己的心腹，而冷落甚至是打击那些与他曾出生入死的将士。但杨行密很愿意看到这样的情况发生，因为这说明吴国有一批对他忠心不二的将士，那么即便他将王位传给冲龄的幼子也无后顾之忧，又何况早已成人的杨渥呢？

他有气无力地哂笑道："本王不过是随便问问而已，渥儿已经长大成人，本王打算将来让他继承吴王之位，不知两位将军意下如何？"

张颢道："国有长君，社稷之福。公子杨渥不仅是大王长子，还是嫡子，立为王储再适合不过了。"

徐温连忙接答道："现在是非常时期，依末将看，事不宜迟，立储之事要尽快决定，以免夜长梦多。”

杨行密自得道：“本王早已命周隐召渥儿返回扬州，五日之内必到。”

徐温、张颢齐声道：“大王英明！”

到此时，立储之事总算尘埃落定，压抑已久的杨行密终于舒展了眉目。但是，他没有察觉到，就在他那憔悴、瘦削、病态的脸盘上泛起一丝生气时，徐温的嘴角却露出一丝狡狯的笑意。

三日之后，宣州观察使杨渥抵达扬州。这个轻浮放荡的公子哥儿，听到自己的父亲病重，倒也收敛了不少平日的不良习性。自接到杨行密命周隐写来的书信，翌日，杨渥便马不停蹄地奔赴吴国都城扬州。不管他如何的纨绔不成器，但毕竟身为人子，也没有自小生活在尔虞我诈的深宫，身边没有一群阴谋家把他训练成一个唯权力是从的政治机器，因此他不可能对父亲的病情漠不关心。

他回想起小时候父亲对他的关心，处处迁就他，总是竭尽所能地满足他的愿望。他的父亲很早就是威名赫赫的将军，经常对犯了错的属下横眉冷对、厉声痛斥，甚至大加杀戮，唯独对他总是笑脸相迎，哪怕他淘气了，犯错了。因为他是父亲的第一个儿子，是父亲三十多岁才喜获的麟儿，那时他的父亲真是把他当作生命的全部。

想到这里，他不禁悲从中来，两行热泪汩汩而下。可是到了后来，他越来越淘气，越来越放荡，越来越不服管教，他的弟弟也越来越多，他与父亲相处的日子也越来越少，父亲对他的脸色也不总是慈眉笑意，有时也会有不满的神色。有那么几次，他看到父亲正在逗弟弟们玩，父亲也看到了他，但似乎视而不见，仍在兴致盎然地"含饴弄子"。

少时的他渴望得到父亲全部的爱,父亲却不能给他全部,他感觉在父亲心中的分量已不如他的弟弟。具体是哪个弟弟,他不清楚,但他总有这种失宠的感觉。这时他心中的悲戚被嫉妒的心理冲淡了不少,他慢慢觉得父亲也没有那么重要,因为他的父亲并不是他一个人的父亲,他也不再是父亲生命的全部。

三天的路程并不漫长,很快他便抵达了扬州城。在城里,他风闻了一些消息,吴王杨行密病危,将要传位给长子。他不确定这是不是真的,但他难掩悦色,以为自己就是未来吴国的主宰。这时他悲戚全无,派出使者先行禀告,直奔吴王府邸而去,恨不得马上就能感受那激动人心的一幕,他的父王当面立他为吴国世子。

在短暂的欣喜之后,他躁动的心脏终于安静下来。这倒不是他如何的理性,不想让病重的父亲得知他难掩喜悦后改变主意,而是他良知未泯,父亲病重的阴霾又萦绕于心,他无法丧心病狂到熟视无睹。

他挥鞭策马,加快了速度,半个时辰不到便抵达了吴王府邸,直奔杨行密卧房。当奄奄一息的杨行密看到长子时,不禁老泪纵横,艰难地动动嘴唇,道:"渥儿,就等你来了。"

杨渥噙着泪光,哽咽道:"孩儿不知父王身体抱恙,未能亲奉汤药,实在是不孝!"

杨行密道:"这不怪你,是本王不让他们和你说的。"

说罢,他又用余光扫视了周隐、徐温、张颢等人,不徐不疾地说道:"渥儿,这几位大人很早就随父王一起打天下,他们也算是你的长辈了,快向他们叩个头吧!"

杨渥不解,但还是依言照办。徐温等人见状,连忙拱手鞠躬以示回礼。

杨行密接着说道:"哪天父王不在了,渥儿,如果你有什么困难,可以向徐、周等大人请教。"

杨渥心里已明白了几分,连忙应声称是。

杨行密又道:"周大人、徐将军、张将军,各位大人,本王恳请诸位辅佐我儿杨渥,还望不要嫌他年幼。"

徐、周等人神色肃然,异口同声道:"臣等一定鞠躬尽瘁,辅佐新主,以报王恩!"

杨行密微微点了点头,感觉喉咙里痒痒的,不禁咳嗽了几声。杨渥等连忙问疾,杨行密勉强撑起一丝笑容,道:"不碍事的。"他又满含深情地凝视了床边探望病情的幼子们,对杨渥道:"长兄如父,父王要是走了,你可要替父王照顾好你的弟弟们,他们都还小……"

听到父亲的临终嘱托,杨渥有些泣不成声,拭了拭眼角的泪水,毅然道:"请父王放心,孩儿一定会好好照顾弟弟们的!"

"那我就放心了,"杨行密舒了口气,缓缓道,"立……杨……渥……为……世……子。"每说一字就停顿一下,也许是杨行密气息微弱,无法连贯地说完这句话,也许是他想以示郑重。至于真相究竟是什么,恐怕已成了一个永远的谜,杨行密在说出他人生中的最后几个字后,安详地离世了。

好不容易安葬了杨行密,杨渥终于正式继承吴王之位,成为新的吴国主人,但他也许只是名义上的主人。杨行密离世之前,为了让杨渥安安稳稳地继承王位,几乎将吴国的兵权都交到了他认为忠心耿耿的徐温手中。

他不接受周隐的建议,即暂不立新王,先将吴国交给忠臣(也许就是周隐自己)摄政,等到幼子长大成人再择其贤者立为吴王,摄政大臣归权。他也知道杨渥不贤。于是,他想了一个折中的办法:立杨渥为世子,让心腹徐温掌权,这样既确保了下一任吴王不是外人,又可以防患骄兵悍将,自以为一举两得。

可惜的是,他转了个圈子,还是走了让武将专权的老路。徐温若真是对他死心塌地的大忠臣倒也罢了,将来或许只是成为吴国版霍光,专权而已,但还不至于弑主。但若不是,谁能在大权尽掌的情况下不滋生非分之想?杨行密临死之前,在确定立杨渥为世子的时候,徐温那狡狯的一笑,就注定了吴国的未来不太光明。

　　杨行密病逝前一月,即天祐二年十月,朝廷下旨封朱全忠为诸道兵马大元帅,在名义上统领天下各路兵马。此举自然不是李柷的主意,而是出自朱全忠的授意。是时朱全忠已风闻杨行密病重,急欲乘机出兵淮南,重创吴国实力。

　　在此之前,朱全忠曾派葛从周横扫荆襄大地,为梁国开地千里。对于朱全忠想要乘胜袭击淮南的想法,敬翔表示反对,他说:"现在出兵不到一月,便平定荆州、襄阳两大藩镇,我军气势确实锐不可当。如此兵威,远近无不震慑,大王应该好好利用,不宜轻启战端,还需静待时机,伺机而动。"

　　朱全忠大惑不解:"先生这话何意? 我军现在气势如虹,而吴王杨行密病重,本王正可以趁杨行密自顾不暇之时偷袭吴国,这可是难得的战机呀!"

　　敬翔道:"我军虽然士气高涨,但经过一月的鏖战,实际上也是人困马乏了。作战需要勇气与斗志,但也需要实力,将士们身体扛不住了,光靠斗志是不够的。再者,近来天气乍冷,寒冬到了,将士们的冬衣没有备足,如果再驱迫他们攻袭吴国,臣担心一旦遇到什么挫折,顿时会斗志全无,作鸟兽散。"

朱全忠沉思了片刻,捋须道:"条件虽然艰苦了些,但本王以为,这都是能够克服的。吴王杨行密病重,吴国防守一定空虚,只要本王挥师长驱直入,必能攻城克敌。"

敬翔摇头道:"这不过是大王想当然罢了。杨行密乃天下枭雄,如果他病重,怎会不做好防患外敌的准备? 臣以为,吴国边境不但没有防守空虚,而且重兵固守,厉兵秣马,随时做好了迎战外敌的准备。"

朱全忠默然不语,怔了半晌,他才心有不甘地问道:"难道本王真的就此退兵吗? 那先生所谓的等待时机,时机在何时?"

敬翔似乎有些故弄玄虚,只见他神秘地说出了五个字:"杨行密已死。"

朱全忠提高了声调,疑惑道:"什么? 杨行密已死?"

敬翔道:"没错,正是吴王杨行密已死,他死之时,就是大梁出兵之时!"

朱全忠以为敬翔失算,哂笑道:"哈哈,先生莫不是在纸上谈兵罢! 杨行密虽病重,但未必会病逝,就算杨行密病逝了,先生又如何得知呢? 况且,杨行密既然已经布下重兵防患,现在如果不能攻袭,他死了就可以吗?"

敬翔不气不恼,笑道:"大王可记得王茂章?"

朱全忠道:"记得,此人能征善战,是杨行密的心腹,杨行密前两年派他平定润州团练安仁义的叛乱后,就让他驻守在润州。吴王此举,显然是提防我大梁。"

九锡之礼

敬翔道："王茂章是吴国猛将，为杨行密所倚重，但也因此被徐温嫉恨。杨行密偏爱长子杨渥，但杨渥是个纨绔子弟，因此，他死后必然是让杨渥继位，将大权交给徐温，让其辅佐杨渥。而徐温与王茂章不和，他掌权后第一件事，必然是将王茂章调离润州，以免他勾结外藩，倾覆他的地位。"

朱全忠似乎明白了几分："先生的意思是说……"

敬翔应声道："没错，王茂章一旦离开润州，则必然是杨行密病逝了。到那时，吴国上下忙于国丧，徐温为了树威巩权，根本无暇外顾。这时大王只要火速出兵润州，没有主心骨的润州城定可攻而下之。"

朱全忠满脸悦色，大笑道："哈哈，先生高见！那接下来咱们该怎么办？"

敬翔道："大王先从荆襄退兵，让将士们前往光州休整。同时，派出一支密探，化为百姓混入润州城里打探消息，一旦得知王茂章被调离，立刻将消息传回光州。这时大王便可发兵光州，直捣润州，润州将士刚失去统帅，忽临大敌，一定措手不及。"

"先生果然妙计！"朱全忠笑道，"本王这就退兵，依先生之计行事。"

敬翔所料不错，徐温掌权后，果然将王茂章调离润州，升为宣州观察使。然而这次升迁不过是明升暗贬，王茂章在宣州徒有虚名，凡宣州军政要员，都由徐温派去的心腹担任。王茂章虽名为宣州军政长官，但实际上其属官多不听他差遣，而暗中受徐温节度使支配。王茂章在吴国的政治、军事生命算是彻底结束了。

此消彼长，杨行密病逝与王茂章失势，助长了朱全忠伐吴的嚣张气焰。朱全忠亲自坐镇光州，以葛从周为征吴元帅，杨师厚为副帅，领八万精兵直扑润州而来。

大战一触即发，然而润州城里却丝毫无备，将士们都把注意力集中在了王茂章被调离的隐情上，谁也没有在意梁军的攻袭。他们不知道吴王杨行密病逝了，却对镇守润州两年的王茂章的突然离去感到不解，尤其是王将军告别时那异样的神色。他们可以猜测吴王病逝了，毕竟杨行密之前病重的消息他们是知道的。

事实上，朱全忠派葛从周、杨师厚领八万精兵突袭润州，可以说是杀鸡用牛刀。若是当时王茂章镇守润州，朱全忠以如此大军突袭，倒也是稳打稳算。如今润州城里唯一的猛将王茂章不在了，而润州又缺乏灵魂人物，没有谁具备统率全军誓死抵抗的威信，因此城中虽有数万大军，但在名将葛从周所率领的梁国精兵面前，几乎可以说是乌合之众。

当葛从周的大军抵达润州城下时，润州的将士们慌神了，怎么王将军刚走就杀来了这么多梁军？望着城下气势汹汹的梁军阵容，看着梁军将士一个个装备精良、斗志昂扬、杀气重重，城上的润州将士倒吸一口凉气，不寒而栗。

很显然，他们在梁军的震慑下，丧失斗志了。

接下来的事情就毫无悬念了。润州将士在葛从周的威逼利诱下，很快便举起白旗，不战而降。葛从周率领梁军，大摇大摆地入驻润州城，占领了润州。由于有葛从周的严格管制，梁军的军纪还算严明，并未侵犯润州降兵降将及百姓的利益，因此没有遇到降而复叛的情况，也没有遭到当地百姓的反抗。

梁军很快就在润州站稳了脚跟。

九锡之礼

这时润州降梁的消息也已传到扬州，但身为摄政大臣的徐温却没有夺回润州的意愿，他正忙于吴国的人事变动——安插心腹。对他而言，当务之急是如何进一步巩固自身的权力，如何彻底架空年轻的吴王杨渥，只要能让他成为吴国真正的主人，一座润州城的得失他根本不在乎。

当然，朱温不想与梁军为了润州厮杀，但还得装模作样，不然难以堵住悠悠众口。徐温拜张颢为征梁将军，领兵六万杀向润州，名义上是以重创梁军夺回润州为目的，但私底下徐温早已暗示张颢，能不战则不战，只要防患梁军攻占其他城池便可。与此同时，他也吃一堑长一智，严令吴国边境各地将领修缮城墙、整顿兵马，严防外敌偷袭。

张颢派出部分兵马试探性地攻打了润州，发现葛从周所率领的梁军并不好对付。他折损了不少兵马，便就此作罢，驻军润州城五十里外的一座坚城里，以防梁军南下。

朱全忠也没有命葛从周乘胜追击，他认为现在还不是与吴国决战的时候，况且恰逢此时，洛阳朝廷里有些要事亟待他回来解决，于是他只是给葛从周留下"严守润州，伺机而动"的命令，就率领一队人马与敬翔一道回京了。

洛阳朝廷里的柳璨不甘寂寞，总想着弄出点什么事来。他不甘心人生的舞台永远局限于洛阳宫殿里，对那个徒有虚名的宰相之位越来越厌倦了，无时无刻不在谋划如何让朱全忠"更进一步"，而自己就能够顺理成章地成为开朝元勋，赢得扶摇直上的仕途与数不尽的荣华富贵。

但柳璨也明白，劝进不是一蹴而就的事情，得一步一步井然有序地按规矩来。在朱全忠称帝之前，首先得让他加九锡。所谓九锡是指九种礼器，即车马、衣服、乐县、朱户、纳陛、虎贲、斧钺、弓矢、秬鬯，这九种礼器通常只有天子才能够使用，但天子有时也会把它赐给功勋卓著的诸侯或大臣，以示最高礼遇。

自从王莽受九锡篡汉建立新朝以来，但凡人臣要篡位建立新朝者，往往都先受本朝天子的九锡之礼。如司马昭受九锡，其子司马炎建立晋朝，隋文帝受北周九锡建立隋朝，就连本朝高祖李渊也是先受隋朝九锡而后建立唐朝。可以说，加九锡是称帝前一道历史悠久的程序，似乎没有加过九锡的篡位是不完整的。

当然，事实上篡位称帝成功与否，与是否加九锡其实并没有必然的关联，加九锡本质上只是一场流于形式的闹剧而已。但对于柳璨而言，这个形式很重要，因为他必须导演这样一场盛大的闹剧，并成为这场闹剧的主导者，才能把自己塑造成朱全忠篡唐的主要策划者，才能凸显出他在梁朝建立过程中的存在感与历史地位。

可朱全忠却并不这么看。柳璨只是他安插在洛阳朝廷里的鹰犬，如果真到了改朝换代那日，开国元勋的殊荣与地位也轮不到他，像柳璨这样的鹰犬朱全忠实在太多了。朱全忠绝不会因为柳璨导演一场看似庄重实则荒唐的闹剧，就飘飘欲仙、迷迷糊糊地认为柳璨是他称帝过程中的重要帮手，因为加九锡对他而言只是场可有可无的游戏。

在返京途中，他也曾就加九锡一事询问敬翔的看法："前几日柳璨从洛阳捎信来，说是朝廷要给本王加九锡，不知先生怎么看？"

敬翔叹了口气："哎，柳大人可真是心急呵，他这是急着让您称帝呀！"

九锡之礼

朱全忠面露疑色，道："此话怎讲？"

敬翔捋了捋长须，柔声道："自汉朝王莽以来，帝王在改朝换代前，都会接受当朝天子的九锡之礼，再之后便是天子行禅让之礼，新王朝因之而建立。柳大人此次让您加九锡，下次必然是逼迫天子禅让了。"

朱全忠脸色一沉，不悦道："这柳璨怎么能把本王和王莽相提并论！本王兵强马壮，将来称帝也是天命所归，用得着效仿王莽这个腐儒吗？"

在朱全忠看来，王莽就是个钻在书堆里因循守旧、泥古不化的书呆子，他最厌恶的便是这种开历史倒车的腐儒，听敬翔说王莽称帝前曾受九锡之礼，这使本就对加九锡不很感兴趣的他变得有些反感起来。

敬翔应声道："加九锡只是称帝前的过渡，但不是成功的关键，大凡成就帝业者，皆是由实力所致。大王不想因循古人，倒也无关紧要，只是称帝事关重大，务必慎重，可千万别被小人误导了。"

朱全忠道："先生放心，一切本王自有主张。"

洛阳宫里，柳璨早已把一切准备妥当，只等朱全忠回京走一遍过场了。然而关键时刻，却出现了一些不愉快的场面。由于柳璨萌生给朱全忠加九锡的念头较晚，又急于求成，于是严令朝廷官吏在短时间内准备妥当加九锡所需的诏书、礼器等相关物品，弄得满朝上下怨声载道。柳璨为了确保加九锡之礼万无一失，又命令官员们进行排练，连天子李柷有时也被他强请过来熟悉加九锡的礼仪流程。

柳璨为了上演这场加九锡的闹剧，可谓是犯了众怒。同样犯了众怒的还有蒋玄晖。蒋玄晖一直就是朱全忠篡唐征途上的急先锋，这点柳璨心知肚明，在策划朱全忠加九锡的这件事上，蒋、柳二人成了亲密的伙伴。蒋玄晖有勇少谋，柳璨多谋寡助，他要让那么多朝廷要员唯命是从，少了蒋玄晖这种手握兵权的武将只能是有心无力，而蒋玄晖少了柳璨的出谋划策也终将有力无处使。于是两人一拍即合，一个出谋，一个出力，将满朝官员玩弄于股掌。

洛阳朝廷虽经过了一轮大屠杀、大清洗，大臣们再也不敢在朱全忠面前大发书生意气，但私底下还是敢控告朱全忠的鹰犬们，毕竟这对朱全忠而言并没有坏处。朱全忠最喜欢看到的便是大臣们互相攻讦，因为每一次攻讦都意味着臣下需要他这个主子来做主，这样他才能够得心应手地驾驭百官。如果大臣们没有相互争斗，就可能抱成一团，甚至是结党营私，那么臣权就可能压制王权，朱全忠就可能成为真正的孤家寡人。

大臣们虽懦弱，但不愚蠢，他们投朱全忠所好，对柳璨与蒋玄晖进行报复。很快，刚抵达洛阳梁王府邸的朱全忠便收到了大臣们送来的奏折，上面满腹委屈地写道："柳璨和蒋玄晖两位大人自认为梁王将来顺承天意，他们两人必居敬翔、李振、葛从周等众位大人、将军之下，若辅佐唐室，则必然是再造中兴的大功臣，一人之下万人之上，是以两人想以加九锡的方式延缓梁王称帝的时间。为了达到这个目的，两人还强迫臣等排练典礼，没日没夜地准备相关事宜，连陛下也被两人胁迫观礼，弄得朝廷上下敢怒不敢言，臣等还请梁王主持公道。"

朱全忠看完奏折，沉思了半晌，一言不发。大概过了半个时辰，朱全忠对身边的卫士说："快替本王把柳璨和蒋玄晖叫来！"

见到两人后，朱全忠竖起剑眉，冷冷道："你二人叫本王加九锡，究竟是何意？"

柳璨应声道："自古帝王先加九锡后称帝，梁王若想成大事，自然得先加九锡。"

朱全忠不悦，道："什么自古不自古，本王如果拒绝加九锡，难道就不能做天子了吗？"

柳璨见势不妙，赶忙躬身道："臣别无他意，一切都是为了大王着想。前代帝王，包括本朝高祖皇帝在内，皆是九锡之后才称帝，臣只是依旧制行事，也好让大王将来顺承天命时更符合礼制。"

朱全忠慨然道："本王就是顺承天命，大势所归，何必眩于名实，接受那华而不实的所谓九锡？"

"柳大人如此延缓本王称帝之日，不会是有什么不可告人的目的吧？"朱全忠神情阴鸷，似疑非疑地冷笑道。

柳璨心中一颤，虽强作镇定，但也一时语塞。蒋玄晖连忙辩解道："唐室气数已尽，世人皆知，末将与柳大人即使再愚蠢，又怎会不知？但末将以为，吴、晋、蜀、岐皆是我大梁之敌，如果大王贸然称帝，末将恐怕诸王不服，所以才采取下策，先让大王加九锡，以观诸王之反应，还望大王明鉴！"

"要是诸王连本王加九锡都不赞同呢？本王难道就将这帝位拱手相让不成？"朱全忠虎目圆睁，狠狠地诘问道。

蒋玄晖见朱全忠如此没好气，顿觉委屈，满腹怨气：为了他的帝王之业，我蒋玄晖不惜逼死昭宗皇帝、屠杀士人，不知得罪了多少人。凡是他朱全忠的命令，不论对错，我都义无反顾、肝脑涂地，就算没有功劳也有苦劳。如今又煞费苦心地为他谋划加九锡，虽说这只是一项虚荣，但毕竟是荣耀，是为了他朱全忠着想，可他倒好，把我的好心当作驴肝肺,不说论赏,还恶狠狠地诘难我,真是欺人太甚!

"大王言重了,如果诸位藩王反对大王加九锡,就意味着大王称帝时机未到,这不正说明加九锡的重要性吗?如果没有此礼,大王怎会知道诸王对您称帝的看法?倘若诸王连大王加九锡也不能接受,大王却贸然称帝,大梁岂不危矣?"蒋玄晖略带顶撞的口气,不冷不热地陈述观点。

朱全忠因受群臣诋毁蒋玄晖、柳璨的奏折影响,有些先入为主的偏见,见蒋玄晖如此这般"强词夺理",顿时怒气上脑,恨不得立刻发作。

但他终于还是忍住了大发雷霆之怒。只见他眼珠一转,嘴角弯出一丝阴鸷与冷酷,刹那间又剑眉紧锁,若有所思道:"此事本王自有主张,你二人切记要做好分内之事。"

何为分内之事,朱全忠没有明言,但柳璨以为,是加九锡之事。朱全忠奸雄善术,惯于用暗示性的话语指使部下,这是人尽皆知的。柳璨因此认为,朱全忠被蒋玄晖说服了,但碍于颜面没有承认,才用做好分内之事暗示他们按原计划执行加九锡之事。

蒋玄晖心里隐隐有些不安,凭他在朱全忠身边多年的经验来看,柳璨的猜测不无道理,但他的直觉告诉他,这件事没那么简单。然而他对此又说不出个所以然,加之贪功心切,便抱着侥幸心理,把直觉上的不安当作杞人忧天,聊以自慰,义无反顾地跟着柳璨走到底。

为了把这次加九锡的典礼做大,做到史无前例,柳璨有一个大胆的想法,在加九锡前强迫当今天子李柷祭天,为朱全忠祈福颂德。柳璨把这个想法告知蒋玄晖,并希望得到他的援助,饶是如蒋玄晖

九锡之礼

那般逼死过天子的心狠手辣之人也不由得心中一凛,犹豫不决:"这会不会太过分了? 哪有天子替臣子祈福颂德的?"

"以前没有,现在有了。"柳璨微眯着双眼,打趣道,"大王名为臣子,却是真天子,当今陛下迟早会成为臣子,柳某只是让他提前做臣子应尽的义务罢了。他若不愿做,让梁王知道了,将来恐怕连臣子都没得做呢!"

见柳璨如此强词夺理,蒋玄晖颇觉无语,下意识地转换话题:"这事要不要先禀告梁王?"

"蒋将军糊涂啊!"柳璨轻舒口气,"你这不是让梁王难堪吗? 梁王什么人将军难道不知? 你说要逼着当今陛下为他祈福颂德,你让梁王怎么答复?"

"哦!"蒋玄晖点了点头,才舒展眉目,顿时又生一疑,"祭天之事非同小可,难免劳师动众,这事大臣们愿意吗? 这怕是会得罪不少人吧!"

柳璨面露倦容,不耐烦道:"蒋将军何时变得如此优柔寡断、胆小怕事! 朝堂上的行尸走肉,将军也怕得罪吗?"

人言可畏,蒋玄晖无法彻底遏制先前的不安,以前事事有朱全忠在他身后当靠山,现在他预感朱全忠这座靠山可能不再属于他,因此他担心如果得罪了朝中大臣,会被大臣们攻讦的唾沫淹死。但他作为一名武将,自然也有勇士的尊严,柳璨的言语之中颇带嘲讽的意味,让他顿生羞赧,讪笑道:"柳大人多虑了,玄晖只是给大人提个醒罢了,如果大人不惧,玄晖何所畏惧!"

柳璨爽然一笑,道:"如此甚好。我观梁王之志急切,不出一年,大事可定,到时我与将军一文一武,必是未来天子的左膀右臂。"

趁朱全忠没有上朝,柳璨挟天子以令百官,宣布腊月望日举行祭天大典。不料此令一出,满朝哗然,大臣们抵触的情绪正如这冬日的鹅毛大雪扑面而来。古语云"国之大事,在戎与祀",祭天大典无疑是国之重事,其仪式必然是无比庄严、隆重,典礼的准备工作也是相当繁重,免不了劳官伤财。

现在已至腊月初,天寒地冻,瑟瑟北风刮得人浑身战栗,百官们无所事事,窝在办公房里烤火都已是不情不愿,心思早已飞回家中,憧憬着新年的盛景,怎么可能乐意在寒冷如斯的日子里折腾什么祭天大典?

朱全忠见人心可用,便另派心腹伺机而动了。

户部郎中赵殷衡,此人乃朱全忠家奶妈之子,本名孔循,冒认赵姓。朱全忠虽把柳璨安插到洛阳朝廷监视百官,但并不十分信任他,后来又把心腹赵殷衡安插在朝廷做个不起眼的小官,监视柳璨的一举一动。

螳螂捕蝉,黄雀在后,当柳璨狐假虎威在朝堂上盛气凌人时,怎么也没料到还有个赵殷衡暗中把他的情况一一向朱全忠禀告,就连他那点狼子野心也被朱全忠所洞悉。朱全忠恨透了柳璨,一是他仗着朱全忠的威势为所欲为,败坏其名声;二是他为达目的不择手段,把满朝大臣都得罪了。

朱全忠将来改朝换代,自然另有一支官员团队,但要治理偌大的梁国,非要在朝廷上提拔一些可靠的官员任用不可。柳璨如此肆无忌惮地掳掠朝廷百官,这不是给他朱全忠拉仇恨吗?如今,帝位已唾手可得,朱全忠对当初大肆屠杀清流也有些后悔,将来做了天子,朝廷上怎么能只有歌功颂德的顺臣呢?现在柳璨的所作所为,

九锡之礼

无异于扼杀百官对朱全忠的最后一丝信任,朱全忠怎能不对这个狗仗人势、自私自利的小人勃然大怒?

赵殷衡虽然只是区区一户部郎中,但情商高,颇能左右逢源,在私下里和各位朝臣都能把酒言欢。见柳璨犯了众怒,朱全忠也颇有处置柳璨之心,于是怂恿大臣们在朝会上联名控诉柳璨借加九锡之机树立权威。

大臣们本不敢当朝参奏柳璨,但赵殷衡善于攻心,每劝说一位大臣,就声称其他大臣都已应允,又说到时只需上奏即可,并不需要当面与柳璨廷争面斥,一切都有梁王朱全忠做主。经赵殷衡如此劝说,大臣们似乎明白了点什么,加之本就恨柳璨入骨,又不愿在年末为加九锡之事折腾,便纷纷斗胆答应了赵殷衡的请求。

数日之后的朝会上,久不上朝的朱全忠突然出现在朝堂上,朝臣们都已猜到了朱全忠的来意,暗自庆幸,唯独柳璨还蒙在鼓里。一番简单的朝礼后,十多位大臣在赵殷衡的带领下鱼贯而上,纷纷向朱全忠递交奏折。

朱全忠囫囵吞枣看了一遍,脸色一沉,冷眼斜视柳璨道:"柳大人你可知罪?"

柳璨正大惑不解,何以今日会有如此多大臣上奏,听到朱全忠的质问,不禁一颤:"臣……臣不明白梁王什么意思,还请梁王明示。"

"你自己看看,臣僚们都说你什么了!"朱全忠怫然不悦,随手把奏折扔在了柳璨跟前。

柳璨慌忙跪下,小心翼翼地翻开一道道奏折,发现竟然全是弹劾他"张扬跋扈,借加九锡擅权树威",不由得脸色惨白,疾言道:"臣冤枉啊,梁王,臣这一切不都是为了梁王吗?"

"为了本王?本王何时说过要加九锡?本王又何时指使你强迫陛下祭天?分明就是你狼子野心、贪功心切,却还在这构陷本王,你知不知罪?"朱全忠唯恐柳璨说漏嘴,扯开声带厉声痛斥。

柳璨一时语塞,不禁瞟了一眼朱全忠身后握刀的蒋玄晖,只见他凝神屏息、面庞泛白,双手已渗出汗水,便知他无能为力。他又用乞求的眼神斜视了一眼李振,颤声道:"臣确实……确实犯糊涂了,做出了对陛下不敬之事,但臣绝无二心,这些李振李大人都是知道的,可为臣做证。"

李振顿生反感,朱全忠平素最厌恶的便是人臣结党,这自作自受的柳璨干吗要拖我下水?于是赶忙推脱道:"在下只是梁王幕下的一书生,哪里清楚什么朝廷大事,柳大人真是抬举下官了,相信此事陛下与梁王自有圣断。"

"李大人,你,你……"柳璨气愤非常,欲言又止,这时候再把李振得罪了,不是树了一个可置自己于死地的大敌吗?

朱全忠应声缓缓道:"柳大人,你为了自己的荣华富贵,想通过加九锡讨好本王,不惜擅做主张,逼迫臣僚们排练典礼,对陛下不敬。本王念在多年情分上,可以不计较你构陷本王,但对陛下不敬却是难逃惩治。"

"陛下,臣所荐非人,还请陛下降罪。"朱全忠转身朝李柷作揖,假心假意地请罪。

李柷颤声道:"此事梁王并不知情,何罪之有,梁王不要再自责了。"

朱全忠应声道:"臣才疏德薄,却屡蒙朝廷眷顾,忝列藩王,掌管天下兵马,已是受之有愧,万不敢再承受九锡之礼,还望陛下降旨撤回。"

话音甫落,朝堂之上一阵窃喜。唯独柳璨,一副失魂落魄的样子,他没想到自己忙活一场,到头来自作聪明,玩火自焚。

"那便准梁王所奏。"李柷好似照本宣科,木讷地答复。

朱全忠欣然道:"谢陛下!同平章事柳璨,冒犯天威,臣请陛下罢黜其职,罚俸一年,贬为户部主事,不知陛下意下如何?"

蒋玄晖闻言,心中一凛,怯弱地瞄了柳璨一眼,似有同情之意。而他内心深处,却在抱怨柳璨一意孤行,拉他下水,险些让他也蹈祸。

"准奏。"李柷不假思索,脱口而出。

蒋玄晖长舒一口气,朝会上总算没有另生枝节,牵出他来。看到柳璨的结局,仅是贬官了事,蒋玄晖也暗自庆幸,柳璨投靠朱全忠的时日不长,他犯事也只是如此处置,自己跟从朱全忠多年,想必是后患无忧了吧。

然而蒋玄晖终究还是高兴得太早了。整个事件,柳璨的贬官只是个开始。

宫廷喋血

柳璨想不到朱全忠翻脸比变天还快，前几日还默许他筹划九锡之礼，今日却当着朝廷百官的面贬他的职，而且道貌岸然地拒绝加九锡。难道这一切都是因为朝臣的参奏吗？明哲保身的大臣们何以敢与他作对？

当局者迷，旁观者清，朝臣们都知道这是朱全忠布下的局，唯独柳璨还蒙在鼓中。他一直以为自己是朱全忠身边的红人，这些日子以来，朝廷哪些要事朱全忠没有咨询过他的意见？当初除掉宰相裴枢、崔远及清流士人，连首席谋士敬翔也没能参与，整个事件朱全忠依靠的始终是他柳璨，难道这还不能说明他在朱全忠心中的地位？

事实上，这一切不过是柳璨自作多情罢了。朱全忠自始至终，都只是把柳璨当成一条恶犬——一条懂得如何咬人的恶犬。逞凶作恶之事，当然是交由恶犬来做。如果恶犬忠于职守，甘心做一个攻击人的工具，朱全忠也不妨养着。但如果恶犬逾越本分，妄想与主人称兄道弟，朱全忠就要下杀手了。

与柳璨一样，蒋玄晖在朱全忠眼中也是一条恶犬。这条恶犬固然咬人毫不含糊，咬死了许多敌人，但也吓到了很多客人。朝廷百官，有很多都将是朱全忠所开创的新王朝的客人，蒋玄晖得罪了这些人，这些人自然不愿成为其主子朱全忠的客人。朱全忠要收买人心，就必须让蒋玄晖做替罪羊，以泄人愤。

然而不论是柳璨还是蒋玄晖，他们都似乎还没有察觉到危险的来临，难道是这一切还可能有出人意料的转机？

至少柳璨是如此认为的。

柳璨有种先入为主的自信，他既已认为自己成了朱全忠的心腹，那么朱全忠断然不至于因为朝臣的参奏就萌生杀心。他还记忆犹新，当初宰相裴枢、崔远得罪了朱全忠，朱全忠也只是将其罢黜为民罢了，如果不是他的挑拨离间，两位前宰相还可安度晚年。现在，面对朝臣们纷纷对他参奏，朱全忠竟只是将他贬职，草草了事，这说明什么？

这说明什么呢？柳璨起初也有些疑惑，但是朱全忠在翌日又叫他到梁王府邸商议政事，尽管所商议的都是无关紧要的小事，但这使柳璨产生了错觉，或许朱全忠对他还是很信任，贬职或许只是敷衍群臣而已。

他相信，只要有机会，他还会东山再起的。

这时，柳璨萌生了一个更大胆的念头，既然朱全忠不愿加九锡，那么直接劝谏如何？他依稀记得，当时他劝朱全忠加九锡，朱全忠还曾质问他，不加九锡就做不成天子吗？想到这里，他有些自恋起来，被自己的细致入微所折服，这使他更加相信，如果直接替朱全忠谋划称帝事宜，或许更容易让朱全忠接受。

这真是个疯狂的念头。朱全忠不在乎九锡之礼是真，朱全忠称帝之心急切也是真,但未必能说明他能做到或愿意即刻称帝,他或许真有所谓的苦衷。然而柳璨是个重得失之人,他急切地希望把失去的宰相之位夺回来,他不甘心到手不久的权位就这样失去。

他已变得有些疯狂,疯狂之人敢于铤而走险,风险再大的计划在他眼中都是可行的,因为被欲望蒙蔽的双眼永远只能看到希望的一面。

山雨欲来风满楼,洛阳朝廷里近来传言不断,倒是柳璨与蒋玄晖朝夕宴饮,深相党结,为朱全忠谋划禅让之事。蒋玄晖一介武夫,勇猛有余而头脑不足,远虑有乏却贪心不满,在柳璨的言语蛊惑、富贵引诱之下,再次铤而走险。

当然,蒋玄晖本人颇具自信,他在朱全忠麾下多年,难道不知朱全忠的野心?"不加九锡难道就不能做天子"的质问声言犹在耳,"梁王不就是迫不及待了,想直接称帝吗?我成全他便是!"蒋玄晖喃喃自语。

世上没有不透风的墙,何况是传遍朝堂内外、大街小巷的传言,谋划禅让之事李柷与何太后自然也有所耳闻。李柷一如既往地六神无主,这些年来他习惯了朱全忠的摆布,纵使朱全忠要夺他帝位,他也只能拱手相让。他做久了傀儡,思想上也变得懒惰起来,不会去想那么多无能为力的事情,得过便且过,多想只是徒增烦恼罢了。

他的母亲何太后倒是有所考虑,她虽无法阻止朱全忠将来改朝换代,但也不能对一切都听其自然,她需要谋得一条求生之路。她不抗议朱全忠夺走她儿子的皇位,李柷本就是徒有其名而已,她只希望朱全忠不要卸磨杀驴,在利用完她们母子之后,又以杀戮来终止这一切。

宫廷喋血

她的愿望就是朱全忠称帝后放过他们母子，永不加害。这也是她的底线。

然而令她感到无奈的是，连实现这个基于求生本能的愿望都无能为力。她名为大唐太后，母仪天下，但实际上不过是个终日饱食、无权无势的贵妇。她既无强悍的宗室外戚可以倚靠，又得不到朝中大臣的声援，要想求生恐怕只能祈求朱全忠大发慈悲了。

但她不愿心存侥幸，更不甘心坐以待毙，她想凭借自己的力量争取到求生的机会。但这又谈何容易，何太后冥思苦想，仍然无计可施。

病急乱投医，她竟然求助于蒋玄晖，将母子的生命寄托在这个逼死她丈夫的仇人身上。她自是没有忘了那悲惨的一幕，昭宗皇帝被蒋玄晖逼得撞树而亡，死得十分痛苦。但她也同样记得，蒋玄晖当初放了她一马，没有夺走她的生命。

蒋玄晖当初不杀何太后，是不想惹是生非，他的任务只是逼死昭宗。但时至今日，何太后不管心中如何想，都只能以为那是蒋玄晖生了恻隐之心，这种恻隐之心今日还可能再次萌生，救他母子之命。非如此，她实在别无他法。

她不敢去求朱全忠，那个高高在上的梁王深不可测，太可怕了。她愁眉不展，哭丧着脸对贴身婢女阿秋、阿虔说："秋儿、虔儿，你们替哀家去把蒋将军叫来，就说哀家有要事找他相商，请蒋将军务必前来。"

两婢女行了个礼，应声答道："是。"

没等婢女离开，何太后又柔声道："对了，不要让人察觉了，尤其是梁王。"

两婢女再行一礼，又回答道："是。"

阿秋、阿虔离开椒房殿，行至乾元殿宫墙旁的小道时，正好遇见握刀昂首迈步而前的蒋玄晖。阿秋、阿虔迎上去行了个礼，并把何太后的话传达给了蒋玄晖。

蒋玄晖默然不语，正犹豫间，忽觉身后的横道上有个人影闪过，下意识地猛然回头，却发现空空如也。

他觉得有点奇怪，忙问两个婢女，刚才有没有发现什么。两个婢女当时低着头静候蒋玄晖的答复，没敢抬头张望，虽正对蒋玄晖身后，但依然什么也没察觉。于是柔声道："奴婢们什么也没看到，怕是将军多心了吧。"

蒋玄晖心想，怕是哪个宫人路过，又或者真是看花了眼，便也随之释然了。他对何太后的邀请还是有些好奇，又问道："太后召末将，有什么要紧事？"

阿秋道："这个奴婢们也不清楚，娘娘只说是商量要事，将军去了就知道了。"

蒋玄晖吸了口气，淡然道："好吧，本将军这就随你们去见太后。"

到了椒房殿，何太后令阿秋、阿虔关上门，守候在寝宫门外。蒋玄晖行了拱手礼，颇有几分傲慢道："太后娘娘别来无恙，叫末将前来，有何指教？"

何太后几欲屈膝回礼，噙着泪光哽咽道："将军是梁王身边的红人，哀家也知道梁王的志向，只不过真到了那日，还望将军在梁王面前美言几句，能让哀家母子苟且余生，哀家便心满意足了。"

堂堂大唐太后，不求权势也不求富贵，只求苟且偷生，这个要求真是低得无以复加。饶是蒋玄晖这般心狠手辣且曾对何太后威逼恐吓之人，也不忍心拒绝这样可怜兮兮的哀求。但不忍心又有什么用呢？

蒋玄晖还有些自知之明，他是朱全忠杀人的利刃，不是谋士，朱全忠所决定的事，他没有置喙的权力。如果朱全忠要杀何太后母子，他也唯有听命而已。

但人不是一张面具，永远只有一种表情。当初何太后欲指证蒋玄晖逼死昭宗时，他怒目瞋视，威胁何太后，可如今何太后对他秋毫无犯，只是苦苦哀求，以太后之尊哀求他救她一命，此情此景何其凄凉，蒋玄晖又如何不生出恻隐之心呢？

"太后无须过分担忧，只要顺承天意，配合禅让，想必梁王是不会为难太后和陛下的。"人的心理就是如此复杂，虽然同情，但蒋玄晖不可能为救何太后母子冒犯朱全忠，于是含糊其辞，柔声宽慰。

"将军……"

"太后不用再说了，只要陛下诚心禅让，梁王何必赶尽杀绝。"蒋玄晖连忙打断何太后，"椒房殿是后宫之地，末将不能久留，先告辞了。"

何太后秀眉紧蹙，五味杂陈，哀怨、失望、侥幸、伤感在眼神里不停转换，眼睁睁地看着蒋玄晖夺门而去。

忽然，她心胆俱颤，一个踉跄，险些晕厥。

话说蒋玄晖在乾元殿宫墙旁小道察觉一个人影闪过，那人便是户部郎中赵殷衡。赵殷衡当时正从横道上走过，忽看见蒋玄晖与两个婢女窃窃私语，觉得奇怪，便躲在一旁偷听。当他听到何太后邀蒋玄晖相商要事时，不禁一凛，觉得此事大有文章可做，因担心被发觉,便匆匆越过小道,直奔梁王府邸而去。

赵殷衡找到朱全忠,将在宫内的所见所闻禀告,同时还不忘添油加醋:"臣以前就察觉到蒋将军与太后关系暧昧,当时臣还不以为意,现在真是不得不信了。难怪外间有传言……"

说到这里,赵殷衡欲言又止,想调起朱全忠的兴趣。朱全忠果然迫不及待想知道内幕:"你快说有什么传言?"

赵殷衡阴阳怪气道:"柳璨柳大人与蒋将军谋划禅让之事,想必梁王有所耳闻了吧。"

"嗯,好像有那么回事。"朱全忠说得轻声细语,慢吞吞的。

"既然是谋划禅让,何必要弄得满城风雨呢?"赵殷衡若有其事,"他们这是唯恐天下人不知呀!臣可听外间传言,柳璨与蒋玄晖以为梁王策划禅让掩人耳目,实际上早就与太后定下了兴复唐室的盟约。您想想啊,对他蒋玄晖而言,拥护您当天子对他有利,还是兴复唐室更有利? 他可是太后的心腹大将,到时少不了裂土称王。"

朱全忠顿时陷入沉默。他想到之前也有大臣参奏蒋玄晖、柳璨意图兴复唐室,他又想到自己确实只是把这两人当鹰犬利用,那么这两人为荣华富贵铤而走险与何太后联盟也不是没有可能。他崇敬魏武帝曹操,熟知汉末的衣带诏事件,这使得他有些心虚,更促使他下定决心,宁可枉杀,也不可放过任何一丝潜在的隐患。

他暗暗地问道:"你可知道他们约定在什么时候相商要事?"

"这个倒是不知,臣当时担心被发觉,所以先走了。"赵殷衡把眼珠一翻,"不过臣看那传命的婢女很心急,应该是让蒋将军即刻前去,恐怕这时他正在前往椒房殿的途中。"

"很好,你现在就随本王带兵前往椒房殿。"朱全忠脑子一转,

"到了椒房殿外，你带兵先进入，本王且在外等候，如有什么情况，本王自会露面。"

朱全忠精于算计，行事滴水不漏，他担心赵殷衡猜测有误，蒋玄晖没有前往椒房殿，或者已经先行离开，他若领兵闯入殿内，一无所获，难免尴尬，且有失身份，于是令赵殷衡替代。他就在殿门外，如有情况，自然得知，便可随时应付。

当赵殷衡率领武士杀气腾腾地闯入椒房殿时，正遇上夺门而出的蒋玄晖。何太后见到这幕，脑海中不禁浮现当初蒋玄晖带兵闯入椒房殿逼死昭宗的悲惨往事，霎时凤眸圆睁、玉面惨白，要不是阿秋、阿虔赶忙上去搀扶，恐怕早就瘫倒在地。

蒋玄晖毕竟是武将出身，见惯了大风大浪，即便真知道赵殷衡来者不善，也不至于轻易惊慌失态，何况他那一刻并不清楚事情来龙去脉。在他眼中，赵殷衡不过就是个芝麻绿豆大的文官，而他是堂堂宣徽南院使、梁王朱全忠的心腹将领，因此当他见到赵殷衡带兵闯入时，下意识地蔑视、训斥："赵殷衡，你一个小小的户部郎中，是谁给了你调兵遣将的权力！"

不待赵殷衡回答，他又吹胡子瞪眼，恐吓道："你可知带兵闯入太后寝宫，是犯了大罪，你赵殷衡十个脑袋也不够砍！"

"哈哈哈……"赵殷衡一阵冷笑，反问道，"敢问蒋将军，您私闯太后寝宫又该当何罪？"

"你……"蒋玄晖气得半晌说不出一句话来，没奈何要耍耍官威，"本将军与太后商议要事，哪轮得到你一个六品郎中说三道四！"

"那本王呢？"门外传出一声威严凌厉的质问，蒋玄晖心中一凛，只见朱全忠面容凝重，似怒非怒，大步迈进门来。

蒋玄晖连忙行礼。朱全忠视而不见，径直走向何太后，痛声道："先皇才走不到两年，想不到娘娘竟做出这等事情！"

何太后疑惧交加，颤声道："哀家究竟做了何事，竟劳烦梁王亲自前来质问？"

"何事？"朱全忠说这二字时提高了声调，语气很怪，忽然又神色肃然，"孤男寡女共处一室，还有何事？还需本王当众言明不成！"

蒋玄晖全身一颤，好似被电击了一样，连忙跪下辩解："末将和太后是清白的……"

没等蒋玄晖说完，朱全忠迎上去猛然踹了一脚，像蒋玄晖这样身强体壮的武将，也不由得往后一仰，幸得右手及时撑地，才没有翻倒在地。朱全忠忍不住啐了一口，骂骂咧咧："狗东西，现在哪轮得到你说话！本王真是瞎了眼，竟看上了你这么个狼心狗肺，背着主子与太后偷情的淫恶之徒！"

何太后梨花带雨，眼眸红得如入暮的残阳，豆大的泪珠从双颊滚落下来。她自知凶多吉少，竟做出了一个亘古少有的惊人举动，以太后之尊给朱全忠下跪，颤声抽泣道："梁王，事情不是这样的，请听哀家解释……"

"不用多说了。"朱全忠不为所动，冷酷地打断何太后，"有什么想解释的，你留着跟先皇解释吧！"

"梁王，你放过哀家吧！"何太后不遑多想，又屈尊自辱，叩头求饶。

蒋玄晖兔死狐悲，他知道如果任由朱全忠处置了何太后，接下来该对付的就是他自己了，于是疾声道："太后找末将只是想求末将在梁王面前美言几句，以求自保，与末将并无苟且之事啊，请梁王开恩！"

"没苟且之事你急着求情干什么！"朱全忠更觉蒋玄晖与何太后关系暧昧，遂厉声命令武士道，"来人啊，送太后上路！"

赵殷衡连忙从衣袖里掏出一条白绫，示意身边的武士将何太后绞死。见蒋玄晖有些不安分，朱全忠又使了个眼神，赵殷衡即刻领悟，又命两武士按住蒋玄晖。

阿秋、阿虔忠心护主，见武士欲对何太后不利，连忙跪下来叩头替主子求饶。朱全忠连何太后都要处死，怎会怜惜区区婢女的性命，两个武士望风希旨，冲上去一人一刀，伴随着两声惨叫，阿秋、阿虔倒在了血泊之中。

何太后浑身一颤，惨白的脸上更加死气沉沉，浮肿的凤目痛哭无泪，她知道自己的末日到了，再苦苦求饶也无济于事，不过是徒然自辱罢了。她失去了求生的欲望，放弃了抵抗，任由白绫在她的玉颈上肆虐，做了几次出于条件反射的有气无力的挣扎，忽然把玉足一蹬，便彻底断气了。

蒋玄晖所料不错，何太后一死，噩运就降临到他头上了。

入夜，朱全忠令赵殷衡将蒋玄晖押入大理寺监狱，严刑拷打，五毒备至，打得蒋玄晖血肉横飞，体无完肤。赵殷衡受朱全忠密令，势必让蒋玄晖承认他与何太后偷情，并牵引出他与柳璨意图谋反。

蒋玄晖虽然曾甘为走狗，心狠手辣，但也不失为一条硬汉，不论狱吏采用何种酷刑，百般捶挞，他都咬紧牙关，始终不愿自诬。赵殷衡眼见任务难以完成，不禁有些心急，情急之下忽生一智，攻心为上。

他屏退了狱吏，舀了一瓢凉水泼向奄奄一息的蒋玄晖，以极其怪异的音调啧啧道："蒋将军可真是条汉子呀！不过进了这大理寺的犯人，都是九死一生，尤其像将军这样的犯人，想活着出去比登天还难，将军何苦白受皮肉之苦呢？"

"呸，小人！"蒋玄晖有气无力地瞥了赵殷衡一眼，紧接着喷了他满脸血沫，"你想要我认罪，我有什么罪可认！"

赵殷衡不以为忤，他抹掉脸上的血沫，淡然道："将军难道没有听说过狡兔死走狗烹吗？你得罪的人太多，梁王是不能再留下你了。"

"狡……兔……死……走……狗……烹。"蒋玄晖缓缓地说出这六字，仿佛每个字都有千钧的分量，他面容阴森恐怖，悲怆地笑道，"哈哈哈哈，对，对，我不过就是他朱全忠豢养的一条恶犬，他想要我咬谁我就得咬谁，如今我对他没有利用价值了，他便想卸磨杀驴，拿我的命去讨好那些朝中大臣。"

"将军明白就好。"赵殷衡神色和气，不徐不疾道，"不过将军更应该明白，你的家小都在梁王手中，他们的命运，全在将军一念之间。"

朱全忠为了防止部下叛变，往往将其家属接入特定的府邸，虽谈不上软禁，但也有特务监控。蒋玄晖作为朱全忠的心腹将领，俨然特务头子，参与了太多血腥的阴谋，知道太多的内幕，他的家人自然在朱全忠的监控之中。

赵殷衡柔里藏刀，他在警告蒋玄晖，如果再负隅顽抗拒不认罪，那么他的家人就将有性命之虞。事已至此，蒋玄晖不得不服软，与朱全忠作对本就是以卵击石，他虽不在乎玉碎，但不能把一家老小的性命都搭进去。

他神色凝重，渐渐垂下满面血迹的头，默然不语。良久，才缓缓

宫廷喋血

抬起头,面如死灰,双眸里折射出痛苦和无奈,他艰难地嚅动嘴唇:"我认罪,我认罪就是。"

赵殷衡得意地点了点头,忙叫狱吏拿来状纸,叫蒋玄晖签字画押。

翌日早朝,朱全忠令人将遍体鳞伤的蒋玄晖稍作整饰,押往朝堂,当着李柷与众大臣的面宣读罪状。蒋玄晖气力衰弱、神色颓废地跪伏在殿陛下。他被罢黜了一切职务,其宣徽南院使的官职由王殷接任。此人是朱全忠的同乡,虎背熊腰,膂力过人,一对剑眉渗出冷峻之色,却也给人稳重忠诚之感。押蒋玄晖上朝的正是此人。

柳璨见状,不禁一惊,口嘴微张,顿觉大事不妙。他用余光斜视蒋玄晖良久,才见蒋玄晖有所察觉。柳璨只见蒋玄晖仪容虽整,但满脸的阴霾显得脸上脏兮兮的,眼眸里溢满了血丝,且不时渗出羞愧之色。

这时赵殷衡昂首上殿,手捧代拟的圣旨,神色肃然地朗读:太后何氏秽乱宫闱,与宣徽南院使蒋玄晖行苟且之事,背弃先皇,有辱天家。事情泄露,何氏畏罪自尽。经查,蒋玄晖恃何氏之宠幸,与户部主事柳璨图谋结党,意欲谋反,罪已昭彰。现追废何氏为庶人,蒋玄晖、柳璨罪无可赦,依律判斩立决。

"何氏畏罪自尽",寥寥数语,犹如五雷轰顶,让龙椅上的李柷百转回肠,不寒而栗,冷汗涔涔,险些晕厥过去。他无论如何也不相信他的母亲行为不检,他的双眼顿时如鲜血般殷红,盈盈泪珠在眼眶里打转,但他不能纵声大哭,必须强忍着不让眼泪掉落下来,唯恐让朱全忠察觉他内心撕心裂肺般的痛楚。

台阶下的柳璨亦如闻晴天霹雳,又惊又惧,顿时感觉双腿软绵绵的,几欲跌倒。他虽已察觉事情不妙,却没料到朱全忠要置他于死地,而且是斩立决,毫无斡旋的余地。他下意识地跪倒在地,极其悲怆道:"臣何罪之有? 臣冤枉啊!"

朱全忠道:"还敢说无罪? 你的同党蒋玄晖已将一切罪状供述。"

柳璨恶狠狠地盯着蒋玄晖:"蒋玄晖,你……你为何要诬陷于我?"他虽不曾与蒋玄晖结党谋反,但毕竟站在唐室的立场上,为朱全忠策划禅让也同属于谋反,所以他的质问显然也底气不足。

蒋玄晖默然不语,耷拉着脑袋置若罔闻。

"梁王,这一切都是蒋玄晖为求自保,信口开河,臣实无叛心呐!"柳璨还算明白朱全忠想杀他的真正目的,转而又向朱全忠苦苦求饶。

朱全忠神色冷峻地睥睨着求饶时丑态毕露的柳璨,顿生厌恶,他猛然把袖一挥,厉声道:"来人啊,把逆贼柳璨、蒋玄晖拖下去,于东门外斩首示众!"

蒋玄晖默然不语,面如死灰,任由武士拖下朝堂。

"梁王……"柳璨还抱有侥幸心理,欲求饶。

"还不快动手!"朱全忠连忙粗暴地打断他,朝武士怒吼。

两名身披铠甲、腰佩长剑的武士应声而上,麻利地架起柳璨往朝堂外拖。柳璨终于绝望,他怒目圆睁,满脸血红,脖子上青筋暴起,一边做着无谓的挣扎,一边语无伦次、唾沫横飞地谩骂:"奸贼,奸贼,本官无罪,朱全忠奸贼,你不得好死,不得好死……"

临刑之前,柳璨突然良心发现,大喊道"负国贼柳璨,死其宜也"。说罢,他长吁一口气,一口郁结于心的污浊之气,从容不迫地引颈就戮,结束了他那传奇而可耻的一生。

出于对蒋玄晖的厌恶,朝堂之上的朱全忠装模作样地禀明李柷,宣布废除枢密使、宣徽南院使之职,只设宣徽使一职,由王殷担任。宰相之位设两人,户部郎中赵殷衡因功越级担任次相,首相则由户部侍郎张文蔚担任。另提拔吏部侍郎薛贻矩为御史大夫。此人出自河东望族,才华横溢,是洛阳朝廷上极少数颇具人望的大臣之一,因是个识时务的俊才,所以没有勾起朱全忠的杀心。朱全忠此番提拔他,自然是另有深意。

兵临沧州

朱全忠废何太后为庶民的消息不胫而走,在朝堂内外传得沸沸扬扬。继而,外间又有传闻,何太后早已遭受朱全忠的毒害,大唐的天下恐怕即将坍塌。面对汹汹如潮的流言,朱全忠难免有些做贼心虚,他明知故问,不断地咨询敬翔、李振有关改朝换代的事宜,既为了转移注意力,又给自己添些底气。

事实上,他根本无须畏惧民间的汹汹流言,近年来葛从周、杨师厚等名将东征西讨,全国十之七八的藩镇已归顺梁国,朱全忠全然可睥睨群雄。但人终究是感性的,这些流言如针尖般锋利,让他觉得浑身不自在,尤其在似梦非梦中,甚至有些害怕。

他知道,杜绝流言最好的方法,就是他如流言中说的那样,将大唐天子李柷赶下龙椅,换自己做那个万人仰望的九五之尊。到那时,所有的猜疑与议论都会戛然而止,而他也不再需要藏着掖着,卸下一切伪装,堂而皇之傲视世人。

不论朱全忠的辖区内管制如何森严,都免不了存在各路藩王的耳目。他们虽打听不到军事机密,但对于某些宫内要闻却也是了如指掌。布衣百姓口中废后的流言，密探们一清二楚，那是事实，便火速告知了他们的主子。

获悉这一噩耗，各路藩王的反应各不相同，这自然是因为他们各怀鬼胎。

岐王李茂贞的表现还算差强人意。当斥候告诉他何太后之死时，他看似面无表情，将其视作寻常人家的妇人遇害了一般，但心底里实有几分同情。然而也仅此而已，他不可能为了一个虚有其表的傀儡太后与朱全忠反目，明哲保身才是他一以贯之的原则。即便当时朱全忠逼死昭宗皇帝，四大藩王合纵讨伐梁国时，他也没想真与朱全忠拼个鱼死网破，何况今时今日，岐国势力江河日下，梁国如日中天。

而蜀王王建的反应却有些幸灾乐祸。当斥候禀报何太后遇害的噩耗时，王建正在宴请部下。他独自一人朝南而坐，左右两边是他所亲信的文武官僚，中间空地上一群身着素衣长裙、婀娜多姿的婢女正舞动曼妙的身姿。宴席上充斥着一片嘈杂之声，有劝酒声、嬉闹声、脚步声，还有瓷器、桌椅等物件碰撞之声，各种声音交织在一起，让人心烦意乱。

斥候大步迈入宴请宾客的大厅门前，向王建请示有要事禀告。王建已有几分醉意，他示意舞女们停下来立于两侧，略微呷了一点酒，指示斥候禀告情况。当他得知所谓的要事只是何太后被朱全忠勒死的消息，略有几分厌烦的神色，意思是斥候不该在这种场合禀告这种晦气的事，影响他开怀畅饮的心情。

不过片刻，他嘴角又浮出一丝笑意。在王建看来，朱全忠连何太后都敢杀害，在洛阳朝廷里为所欲为，他王建盘踞在这山高皇帝远的蜀地,又有什么不可以做的呢?他神色变得和悦起来,屏退了斥候,又让舞女们接着跳舞,若无其事地和文武大臣们继续畅饮。

在这以后,王建也变得肆无忌惮起来,建天子旌旗,设尚书大行台,亲自除拜官员,虽未称帝,实则与帝王无异。

吴王杨渥无动于衷,因为他根本不清楚何太后遇害之事,吴国的掌权人乃是右牙指挥使徐温。吴国派去洛阳的密探不会向杨渥禀报密情,而是向吴国真正的主宰徐温禀报。

和大唐天子李柷一样,杨渥最终也成了傀儡。与李柷不同的是,杨渥沦为光杆司令似乎有些自作自受。

杨渥一朝得志便骄狂。杨行密去世时,他确有几分悲戚,但不过数日,便将丧父之痛抛到九霄云外,言行放荡,为所欲为。他听说判官周隐曾劝阻杨行密立他为世子,心生怨恨,不顾亡父尸骨未寒,就决意对其心腹大臣痛下杀手。周隐是文官,既无兵权,又无自卫之武力,最终惨死于杨渥派去的刺客之手。

周隐在吴国也算得上颇具人望,他被杨渥派刺客杀害之事,很快便在吴国上下传得沸沸扬扬,不少与周隐有往来的文官武将都颇不自安。

在为杨行密服丧期间,杨渥行为颇不检点。他不顾丧礼,日夜饮酒作乐,又耗费数万钱,购来巨烛,在夜间点燃,让他能够在校场走马击球。徐温、张颢也觉得过分,在一次杨渥率随从大摇大摆地出宫游玩时,两人在宫门外叩马而谏:"先王尸骨未寒,殿下理应守丧,如此大张旗鼓地出游,于礼不合,还望殿下三思而行。"

不料杨渥勃然大怒:"本王贵为王爷,难道连出游都不得随心所欲吗?两位将军要是觉得本王不配当这个吴王,为什么不杀了我自己当!"

徐温、张颢没料到杨渥竟然如此反驳他们,一时惶恐,未及应对,只能看着杨渥率领大队人马扬长而去。两人因此也深感不安,尤其联想到周隐一生正直却死于非命,不由得心中一凛,索性横下心来,先下手为强。

天佑四年正月初九,浓浓的年味还萦绕在空气中,扬州城里歌舞升平,而贵为藩王的杨渥自然不比寻常百姓,这天他很早便起床梳洗,处理积压了数日的政务。平明时分,徐温、张颢率领两百牙兵,手持刀剑闯入庭中,杨渥见状大惊,手中的折子倏然滑落。他颤声道:"这……这是作甚?"

见徐温等人没有回答,他满脸悲观:"两位将军真的要杀本王吗?"很显然,他想起了那日的失言。

张颢拱手道:"不敢,末将只是清君侧而已。"

"清君侧?"

"不错。"徐温面容冷峻,语音也极其冷淡,"殿下亲贤远佞,近来不守礼制,胡作非为。末将若不铲除殿下身边的小人,殿下无法改过自新,末将也有负先王的重托。"

说罢,徐温痛数杨渥亲信十余人的罪过,令人软禁杨渥,另派士兵百余人抓捕杨渥亲信,与徐温不协者也一并抓捕,就地正法。自此以后,杨渥尽丧大权,行动不得自由,吴国上下唯徐温是从,杨行密苦心多年开创的基业转移到异姓之手。

然而徐温虽全掌吴国军政大权,但毕竟是人臣窃据高位,吴国朝廷里面服心不服的文武官员大有人在,徐温不得不防,是以无暇外顾。当他得知何太后遇害的消息,不仅没有怜悯之意,反倒认为这是个难得一遇的机会,一个向朱全忠投诚示好的机会。因为在他看来,朱全忠派人绞死何太后,面对汹汹如潮的流言,自然心虚,这时只要外界有人稍表支持,朱全忠便会感激不尽。

徐温乘机派出特使前往东都洛阳,在朱全忠面前极尽奉承之言,并有意无意地透露出吴国期待大唐天子禅让,果然让朱全忠眉飞色舞,欣然款待。特使返程离京时,朱全忠慷慨厚赏,还以朝廷的名义敕封徐温为吴国大丞相,加以笼络。

徐温既蒙朱全忠宠渥,自觉傍上了一个强援,于是无忧外患,专力剪除杨氏旧势力,更加不愿过问洛阳朝廷之事。

最让朱全忠头痛的还是晋王李克用。

李克用与契丹酋长耶律阿保机不打不相识,数番较量后,李克用略占上风,这反而让称雄塞北的阿保机萌生敬意。到后来,两人惺惺相惜,竟然罢兵言和、冰释前嫌,称兄道弟起来。

李克用年长,阿保机以兄礼侍之,李克用则呼他为弟。李克用得知何太后遇害的噩耗时,骂声喋喋不休,大有出兵讨伐朱全忠之意。阿保机也乘机大献殷勤,声称如果李克用讨伐梁国,契丹愿出兵助一臂之力。

李克用深信不疑,于是与大将周德威等商讨伐梁事宜。

不料朱全忠先发制人,亲率大军直奔沧州而来,进攻目标虽不是晋国,却是与李克用结盟的卢龙节度使刘仁恭。朱全忠此举,大有剪除李克用羽翼,敲山震虎之意。

晋国地处梁国北部,与定难、卢龙等重要藩镇接壤,但除卢龙外,其余藩镇皆已归附朱全忠。卢龙节度使乃刘仁恭,此人能征善战,在割据幽州时期,曾大败契丹劲骑,力擒契丹王子,逼得契丹首

兵
临
沧
州

领不得不纳贿乞盟,长年不敢越幽州一步。

但强中自有强中手,刘仁恭虽骁勇善战,尚不及李克用。刘仁恭任卢龙节度使期间,与李克用结怨,屡为晋国军队所败,只得向李克用称降。唐昭宗乾宁六年,朱全忠大军突袭卢龙,刘仁恭仓促迎战,战败投降。自此以后,刘仁恭在李克用与朱全忠之间左右摇摆,时而投诚朱全忠,时而称降李克用。但随着梁国势力的壮大,李克用极力拉拢刘仁恭,刘仁恭也深觉如果不与李克用结盟,必然会被朱全忠吞并。

朱全忠大军于辛亥日出发,由白马渡过黄河,浩浩荡荡向沧州挺进,驻军长芦县。刘仁恭闻讯,急命沧州守将闭城不战,自己亲率大军从幽州驰援。朱全忠以葛从周为先锋,率五万精锐强行攻城,沧州城势难阻挡,岌岌可危。

是时,刘仁恭大军从梁军后翼杀入,梁军顿时阵脚大乱,多亏葛从周整军有方,才避免了幽州援军的重创。但这一番接战,梁军也折损了二三千人马,阵脚大乱,使得幽州援军乘势入城。

刘仁恭本打算驻军城外与朱全忠对峙,与沧州城守军里应外合,痛击梁军。但他发现,除了葛从周攻城的五万大军外,驻扎长芦县的梁军不下十万,而发兵匆忙的他仅有不到四万大军,与梁军实力相差悬殊,如果驻守城外,恐怕还未及与沧州城守军里应外合,就被长芦县的梁军打得七零八落。

沧州乃卢龙重城,城墙坚固,城内若增兵数万,对付梁军倒有胜算,至少也能将其拖垮。刘仁恭颇为自信地如此认为。况且,刘仁恭自恃还有一个强大的盟友李克用,万一守城不济,相信李克用顾及唇亡齿寒的利害关系,应该不会见死不救。因此,刘仁恭这才率领大军突击攻城梁军,乘着梁军阵脚大乱驰入城内。

沧州守将是刘仁恭之子刘守文,此人也算得一员猛将,但面对杀气腾腾,以排山倒海之势攻城的梁军,也不由得望而生畏。得知父亲率兵来援,他顿时信心如黄河泛滥,一发不可收拾,连忙请命,将援军用于城防布置,与梁军一决高下。

刘仁恭叮嘱刘守文,沧州城北门是攻城梁军主力所在,务必在北门城楼上布置重兵把守,于是将守城重任交托给他。

朱全忠见刘仁恭援兵进入沧州城内,又拨给了葛从周五万大军,嘱咐他务必在半个月之内攻克沧州。朱全忠还留下五万精兵驻扎长芦县,这部分人马给攻城梁军做掩护,防止李克用的大军与沧州守军里应外合。

他深知在梁军的强攻下,刘仁恭若难以坚守,必然向李克用求救,李克用鉴于唇亡齿寒,也必然挥师驰援。他一时大意,放任幽州援军突入城内,就已经犯过一次错误,断不能再让李克用得逞。他要求葛从周在半个月之内攻下沧州,便是希望在李克用抵达沧州之前结束战斗,到时梁军转攻为守,对付晋军就容易多了。

半个月攻下一座坚城,这听起来似乎有些痴心妄想,但战况确实朝朱全忠的意愿发展。葛从周身披重甲,系着一件绛红色披风,手持利刃,剑指苍穹,于阵前声色豪迈、悲壮地指挥梁军勇士攻城。

梁军将士深知,这一战非比寻常,此战若凯旋,梁王朱全忠将会更进一步,到时必少不了他们这群在开国之期攻城破敌的将士的赏禄。在这非常时期建立的功绩,最不容易让人忘记。是以梁军将士不避礌石、热汤,奋勇争先,哪怕不幸马革裹尸,也要为家人赢得荣耀与赏赐。

葛从周随即让弓弩手立于阵前，瞄准沧州城垛，万箭齐发，为攻城的勇士们做掩护。刹那间，只见箭雨如飞蝗般遮天蔽日而来，沧州城上的守军将士心里一阵发麻，随后传来雷声般震耳的哭喊、哀号之声，显然守军中箭人数不少。

见城上敌军的守势松懈，葛从周急命勇士以攻城车撞击城门，又增加搭架云梯的数量，企图撞开城门或攻上城楼。刘守文连忙整顿军心，增遣军士护住城门，又命军士将焦油浇在梁军的云梯上，点火焚烧，顿时火海一片，不少攻城勇士被焚而死。即便如此，还是有不少梁军勇士攻上了城楼，杀伤不少守军才英勇战死，血染城楼。

如此过了半个月，葛从周虽未攻下沧州城，但刘仁恭屡战屡败，将士死伤大半，沧州城也岌岌可危了。刘仁恭不甘心坐以待毙，一面派特使突围向李克用求援，一面在沧州城内大肆征兵以补充兵源。他下令：凡男子十五岁以上，七十岁以下，必须自备兵粮投军，五日内未前来军营投军者，格杀勿论！

此令一下，满城哗然，百姓们议论纷纷，颇有怨望之语。刘守文见状不妙，连忙劝谏："父亲，征兵令太严，恐怕不妥。父亲强令城中十五岁至七十岁男子投军，这无异于要求城中所有男子都去赴死，那百姓们的生计怎么办？现在城中颇有怨愤之语，孩儿恐怕会激起民变，还望父亲三思。"

刘仁恭坐在堂上，眼睛直直地望着前方，默然不语。

思索再三后，刘仁恭终于修改征兵令，令城中男子二十岁以上，五十五岁以下，限五日内自备军粮赴军营投军。五日后，刘仁恭共招得新军五万人。为了防止新军逃跑，刘仁恭竟下令在新兵面额上刻字，一般军士刻字"定霸都"，粗通文墨的刻字"一心事主"。

这些强行征来的新军不过是畏于强暴，无任何为刘仁恭卖命的积极性，也无任何守城战斗的士气，而且未经过任何训练，根本没有太多战斗力可言。刘仁恭让他们做炮灰，以此消磨梁军的战斗力，显然无济于事。新兵死伤枕藉，梁军的兵锋却未见挫弱，攻势依然是那样的凌厉迅猛。

新军毕竟都是强招过来的百姓，没有经历过枕戈待旦的戎马生涯，望着横尸城楼、伤痕累累的同伴，不由得心里发怯、胆战心惊，颇有退意。刘仁恭亲自督战，接连手刃了五六个弃兵后退的新兵，但仍然无法重振衰颓的士气。

沧州城再一次岌岌可危，刘仁恭这次束手无策，只能寄希望于李克用的援军了。

　　然而突围求援也绝非易事,梁军将沧州城围得水泄不通,城墙四周处处都是重兵,根本无隙可乘。刘仁恭派出的特使,屡次被梁军截杀。刘仁恭只得乘着夜深,以骁骑护卫使者突围。

　　梁军的警觉性很高,漆黑中依稀见到有人影闪动,便怀疑是沧州城里的使者,连忙上前截杀。但由于黑灯瞎火,梁军难以分辨敌友,也不清楚对方人数,使者才得以在骁骑的掩护下,趁乱冲出梁军的包围圈。

　　一番激烈的厮杀,使者虽已突围,但护卫的骁骑几乎全军覆没。梁军将领没有察觉到漏网之鱼,加之正值深夜,便没有派兵追杀突围的使者。使者不敢懈怠丝毫,马不停蹄,人不饮食,朝太原城狂奔,幸不辱使命,终于将刘仁恭求援的消息送达。

　　使者于翌日下午时分抵达太原,接见使者的是晋国大将周德威,当时李克用正在军营检阅三军。周德威仔细听了使者口述刘仁恭的求援请求,又问了他若干有关沧州战况的问题,宽慰了几句,便令麾下武士将疲惫不堪的使者带下去好生招待。

周德威虽然只给了使者模棱两可的回复，但他心中早有主意，劝说李克用出兵援助刘仁恭。周德威急忙赶赴军营，将刘仁恭求援之事告知李克用。

李克用系一袭白披风，左腰上配着一柄利剑，与身边的几个部下有说有笑，似乎心情不错。周德威大步迈上前去，行了个军礼，李克用哂笑道："将军前来，所为何事？"

周德威朗声道："卢龙节度使刘仁恭遣使告急，沧州危在旦夕，求晋王发兵援助。"

李克用怔了片刻，缓缓道："将军，这边请。"

他目光斜视右手边的中军大帐，意思是等进入军帐后再详加计议。

李克用南向而坐，周德威坐在南向主座左侧首位，其他诸将依次入座。李克用甫一开口，令周德威有些意外："卢龙节度使刘仁恭被梁王朱全忠围困沧州，现派使者来我晋国告急，请求发兵援助，各位将军认为，救还是不救？"

周德威原本以为，李克用与朱全忠是死敌，敌人的敌人便是朋友，朱全忠率军攻打刘仁恭，而刘仁恭还是李克用的盟友，如此，李克用理应当机立断，发兵援助刘仁恭。但李克用并不这么认为，刘仁恭朝秦暮楚，对晋国反复无常，屡次背叛晋国投诚梁国，此次被朱全忠攻打，完全是咎由自取，他反倒有几分泄愤的快感。

面对李克用的发问，诸将莫衷一是，有人建议作壁上观，也有人主张趁火打劫。议论纷纷之际，周德威霍然起身道："晋王，末将以为当发兵驰援，解沧州之围。"

李克用面无表情，淡然道："将军何出此言？"

周德威再次拱手，道："刘节度使乃我晋国盟友，危急之刻求援于晋王，倘若晋王置之不理，恐惹人非议。此外，梁王朱全忠一直是晋王劲敌，如若任由他蚕食卢龙，这对我晋国不利。因此末将以为，晋王当发兵救援。"

"末将有话要说。"一个粗犷的声音在大帐里回响。

李克用定睛一看，说话者虽身材短小，但颇有英武之气，鼻梁下一撮半寸长的胡须更衬托威严，此人正是李克用义子昭义军节度使李嗣昭。李克用肃然道："你有何话想说，但说无妨。"

"末将不赞同出兵。"李嗣昭开门见山，"刘仁恭反复无常，屡次背叛晋国，父王何必自损兵马救这等反复小人？今日救了他，谁能保证他将来不会再投奔朱全忠，与晋国为敌？还不如坐山观虎斗，让他去折损梁军军力。"

"昭儿所言，不无道理。"李克用闪现一丝微笑，欣然自语道。

"此言差矣！"一声豪气震天的俊朗之音砰然而出，萦绕上空，经久不绝，令在场诸将无不肃然注目。

只见一个身材修长、面如冠玉、身穿白袍的小将一跃而起，拱手道："唇亡则齿寒，晋国与卢龙唇齿相关，梁王朱全忠若攻克沧州，横扫卢龙，则必然剑指晋国，到时晋国孤立无援，也将处于险地。父王为何坐视梁军围困沧州？"

李克用心中顿觉此儿说得颇有几分道理，但他内心深处痛恨刘仁恭反复无常，不愿出兵救援，也不可能因这三言两语改变初衷。然而事关重大，他不想因为一时意气做错决断，于是正色道："发兵之事非同小可，还需从长计议。"

李克用故意以从长计议来引诱白袍小将详述他力主出兵的原

因。白袍小将以为李克用以从长计议敷衍他,而实无出兵之意,慨然道:"当今天下大势,归降梁王朱全忠的藩镇已有十之七八,其余的如岐王李茂贞素无大志,蜀王王建一心僭越,都不想与梁国为敌,而吴国徐温与梁国暗通款曲。朱全忠想篡位,现在担心的,只有晋国与卢龙的反对了。"

"敢问父王,晋国以忠义自诩,能否坐视朱全忠篡位?"

李克用默然不语。

白袍小将愤然道:"朱全忠老奸巨猾,深知他若篡唐,晋国必然反对,于是出兵攻打卢龙,想达到孤立晋国之目的。卢龙一旦有失,朱全忠必然大举挥师攻晋。一旦晋国重创,他便可挟兵威代唐自立了。如今父王被私人恩怨所蒙蔽,看不清天下大势,只想坐观成败,却不知这将置朝廷与晋国于险地,孩儿真是心忧如焚啊!"

李克用面容凝重,沉思了半晌,才缓缓道:"我儿言之有理,本王一时失察,险些误了大事。"

说罢,他又朝周德威道:"刘仁恭的使者现在何处?"

"末将已命人将他安顿在客舍。"周德威欣然道,"晋王要不要召他问话?"

李克用顿了顿:"还是不必了。"他原本打算召见使者,但说话间脑子又转动了一番,把使者叫来问话也无济于事,无非就是听他婆婆妈妈地哭诉沧州如何危急,还不如利用问话的时间商议军事。

将士们七嘴八舌,你一言我一语,争论到日暮时分,终于确定了两件事:其一是决定出兵援助刘仁恭;其二是不直接出兵沧州,而是采取围魏救赵的战术,出兵突袭梁国重城潞州,一来可以逼迫朱全忠解沧州之围,二来或可将潞州纳入晋国版图。

一箭之仇

潞州地处梁晋交界地带，与沧州相隔数百里，晋军不消半日便可兵临城下，而朱全忠回师驰援至少也得一两日。那时长途奔袭的梁军已是强弩之末，李克用自信采取围城打援的战术，攻下潞州不无可能。

事实上，李克用对梁国的发展并没有深刻、清醒的认识。如今的梁国，早已不是那个与晋国比肩而立的诸侯国了。梁国近两年来步步蚕食周边藩镇，版图几乎达到晋国两倍之广，控弦之士不低于三十万，朱全忠突袭沧州所率领的军队，只占梁国军队总数的一半。

潞州作为与晋国接壤的重城，朱全忠以名将康怀英率四万精兵坐镇。在他领兵攻打沧州之前，他就严令康怀英操练三军，厉兵秣马，随时保持战备，以防李克用突袭。

李克用麻痹大意，以为朱全忠将梁国主力都调去攻打沧州了，潞州必然缺兵少将，竟决定只领兵三万突袭。白袍小将劝他不可小觑潞州，应发兵六万以上务求稳胜，但李克用置若罔闻，他甚至以为出兵三万都有可能多了。

但李克用也有他的优点，除了英勇善战，他和朱全忠一样，办事不喜欢拖沓，也是雷厉风行。翌日凌晨，李克用便派遣一队敢死骁骑护送使者回沧州，将出兵援助的消息告知刘仁恭，要他务必坚守。同时，开始挑选将士，李克用自任统帅，以周德威为副帅，李嗣昭为前军先锋，白袍小将为偏将，决议休整一晚，第二日凌晨出征。

出征前的夜晚过得很快，军士们倒头就睡，不愿耗费一秒钟在其他事情上。他们都抱着非死即伤的打算，他们知道等待他们的是战乱与血腥，到时可能连睡觉的时间也没有，因此格外珍惜出征前这个安定的夜晚。

第二日拂晓,天空还是漆黑一片,初冬的寒冷虽不刺骨,但也令人瑟瑟发抖。军士们在这时就开始整理行装,吃过火头营烹制的早餐,天已蒙蒙亮,在李克用的率领下,整齐有序地一路朝南小跑,直奔潞州而来。

下午未时,晋国前锋便已越过晋国边境,距潞州城只有五里。李克用命部队就此安营扎寨,并派遣使者驰往潞州城下,将一封劝降的书信射入城中,威逼利诱,企图不战而屈人之兵,不血刃而挺进潞州城。

康怀英手握雄兵,自然不会被李克用区区一纸降书所吓倒,他轻蔑地扫视了一遍,随手将它扔进火焰熊熊的炉子里。战争是不可避免了,康怀英登上城楼,眺望前方晋军的营寨,嘴角弯出一丝淡淡的喜悦,这是建功立业的良机。他胸有成竹地布置城防,就等晋军前来攻城,或者说送死。

李克用等了一宿,没见潞州城里传来任何消息,他知道劝降失败了。在劝降之前,就有人持异议,此人便是白袍小将。他对李克用道:“我军应该攻其不备,现在父王驻军不前,却修书劝降,万一潞州不降,岂不是给了其整军备战之机?”

“我军长途奔袭,需要休整,不宜以劳待逸。何不挟兵锋以劝降,不战而屈人之兵?”李克用意气非常,傲容满面,仿佛潞州城唾手可得,“万一潞州城不降,也无关紧要,本王亲率三万精骑,还攻不下区区潞州?如果本王没攻下潞州,只有一种可能,便是朱全忠率大军回援,如此沧州之围便解,本王也算没白跑这趟。我儿就无须多虑了。”

白袍小将见李克用如此自负,也不便多说,只得唯唯退下。

一箭之仇

夜幕下的潞州城门紧闭，城楼上燃起烽火，将四周照得发白。每个城垛口都有一名执戟而立的武士，密切注视城下的动静，以防晋军突袭。远方晋军扎营处，稀稀落落堆起篝火，几十个佩刀持火把的武士四处巡逻，目的与梁军一样，防敌偷袭。

空气中弥漫着紧张的气氛，每个人都凝神屏息，仿佛大战一触即发。

翌日凌晨，白袍小将又来与李克用商议军事："一宿没接到潞州城里任何消息，想必城中守将是不会降了，父王下一步如何打算？"

李克用在修书之时，还颇有几分兵不血刃的幻想，至此也有几分不甘与懊悔："潞州守将是何人？竟敢如此不识好歹！"

"康怀英。"白袍小将应声道。

"怪不得，此人是朱全忠麾下名将，确有如此魄力。"李克用恍然大悟，言语之中又颇有自责与羞赧，自顾着耍威风、舞豪气，竟然连敌军大将都不知是何人。他神色凛然地直视白袍小将，"传令三军，早饭过后，即刻攻城！"

约莫一个时辰，晋军吃过早餐，兵临城下。晋军拔营推进时，潞州城上的守军就已发觉，并告知康怀英，是以晋军前锋抵达城下时，康怀英已在城楼上等候。他身后是两百余位剑拔弩张的弓弩手。

晋军副帅周德威一马当先，朝城楼仰面，厉声道："城上的将士听着，我数万精锐已兵临城下，不想死的，速速开门投诚，晋王必有重赏。如若负隅顽抗，一旦城破，尔等皆无遗类！"

康怀英仰天大笑："周将军好大的口气！想要拿下潞州，先问问军士们弦上的利箭答不答应！"

"放箭！"康怀英边说边做手势，身后的弓弩手一拥而上，弯弓搭箭,满弓而发。一支支利箭倏然离弦,迅速划破寒冷的空气,气势凌厉地朝目标驰骋而来。

周德威见弓弩手上前,心知大事不妙,当即掉转马头,朝晋军阵中奔驰。李克用急忙命军士以盾牌掩护。满空箭雨迅猛地朝晋军前锋飞驰而来,狠狠地嵌入盾牌里。有些受箭过多的盾牌,不一会儿就被射成了刺猬。

但箭雨很快便停了,李克用当即下令攻城。

康怀英指挥若定,应付余裕。面对蜂拥而来的晋军,康怀英又突然令弓弩手再次搭箭,一阵猛烈的箭雨让攻城晋军措手不及,纷纷披靡。李克用大怒,急命军中弓弩手朝城上梁军射箭,为攻城晋军打掩护。

康怀英为取胜不惜代价,竟仗着居高临下,命弓弩手与晋军弓弩手对射,一上一下两股箭雨朝对方倾泻而来,梁晋双方互有死伤。但由于梁军占据位置优势,伤亡人数不到晋军的十之二三。

然而李克用并未吃亏,康怀英将注意力集中在对付晋军的弓弩手,却忽视了城下攻城的晋军将士。城墙上已经架起了十几架云梯,晋军军士蚁附而登,攀爬速度快的军士已快接近城垛,眼看着就要杀上城楼。

这时晋军箭矢也几乎射罄,康怀英连忙撤下弓弩手,命军士抬来几大锅烧得滚烫的热油,用大铁瓢舀满朝云梯上的梁军勇士泼去。只听得一声声凄厉的惨叫,云梯上的晋军勇士痛苦地抱头捂面,纷纷坠下梯阶。

晋军没有泄气,依旧声势迅猛地呼啸而来。可潞州梁军也并非等闲之辈,康怀英又命弓弩手射击冲锋的晋军,城楼上的礌石亦如冰雹般密集地砸落下来。李克用命晋军以抛石机发射石弹,巨石砸在城墙或城楼上,偶尔也击中城楼上的梁军将士,但无奈潞州城坚似铁,巨石难以击毁城墙,也没有给梁军将士造成多大伤亡。反倒是被城上守军用来当作礌石,砸死了不少攻城的晋军士兵。

战场形势逐渐对晋军不利。

梁军以坚城为屏障,在军队数量上也占据优势,起先虽因一时意气用事,使晋军稍微占据上风,但一旦理智下来防守抗敌,晋军徒然折损兵马,几无可乘之机。李克用为了攻克潞州,想尽了一切攻城技巧,甚至用抛石机发射火球,火烧潞州城,但无奈梁军兵多势众,腾得出人手来扑灭火源。

如此形势下,晋军强攻了十余日,损失惨重,能战之士不足一万。李克用气急败坏,一面令将士们继续冒死攻城,一面派李嗣昭从太原征调兵马。

他不甘心兵败边城,铩羽而归,这一战至此完全不是为刘仁恭解围而战了。战场上的失利,晋军将士的血染城墙,狠狠地打击了李克用的自负,更激发了他对梁国的仇恨与敌视,这一战反倒成了他的名誉保卫战与复仇之战。

话分两头。李克用出兵之初,派骁骑护送使者回沧州。一行人抵达沧州,却面临一个苦恼的问题,梁军将沧州层层包围,要进入城内谈何容易。好在梁军多日攻城,见沧州城摇摇欲坠,纪律略有散漫。加之多日攻城难免身心疲惫,因此每至夜间梁军除了极少数巡逻兵,将士们皆安然入睡。这个时候,正是梁军对沧州的监控最为薄弱之时,使者由于有出入城的令牌,乘着夜色,偷偷潜入沧州城。

刘仁恭听说使者回城,先是一阵欣喜若狂,倏然脸面又阴霾密布,似乎心事重重。他迫不及待地召见使者,询问晋国出兵事宜:"晋王有没有答应出兵?"

"回禀梁王,晋王已答应出兵。"使者并不知内情,只是把李克用的回复给刘仁恭复述一遍而已。

"那晋国兵马呢?为何只有你和一队骁骑前来?"刘仁恭心急火燎,接连问了使者两个问题。

"晋王说调兵遣将需要耗费几日,叫下官先行回城复命,数日后便从太原发兵。"李克用给使者的回复,倒不完全是欺骗,只是使者始料未及,晋军并非发兵直接驰援沧州,而是采取围魏救赵的战术,攻打梁国边境重镇潞州。

刘仁恭半信半疑,吐出一口浊气,自言自语道:"但愿晋王不会负我。"

凛冽的朔风吹得血迹斑斑的战旗摇摇欲坠,空气中充溢着血腥味,让人头昏作呕。刘仁恭登城远眺,只见梁军人山人海,气势显赫,冰冷的铁甲兵器在冬日阳光的照射下,闪耀着冷峻的寒光。刘仁恭不觉倒吸一口腥味浓郁的凉气,回首未清理的城楼,死伤无数,处处残肢断臂,不觉心生惧意。

没等刘仁恭缓过神来,远处的梁军如决堤的潮水倾斜而来,不一会儿便兵临城下。很显然,新的一轮攻城之战即将开始。

潞州的战报已传到朱全忠手中。在战报中,康怀英顺带着把他的猜测——李克用极可能从太原增兵向朱全忠汇报。是以朱全忠急于攻下沧州,回师与康怀英里应外合,夹攻李克用大军。否则夜长梦多,让刘仁恭得知李克用在攻打梁国边城,必然誓死守城,梁军则会功亏一篑,徒然兴兵一场。

一箭之仇

大战之前，葛从周并不急于攻城。这是朱全忠的意思，梁军连日攻战占据上风，沧州已是强弩之末，如果梁军在此时挟兵威以劝降，相比强攻，拿下沧州所耗费的时日更短。虽说这不能彻底让沧州易主，只能让刘仁恭归顺，但形势逼人，也只能如此而已。唯愿取下沧州后，在潞州大败李克用，便也不虚此行。

葛从周左手揽辔，右手提矛，单骑立于阵前，高声道："城上可是刘仁恭将军？"

"刘仁恭在此，不知葛将军有何指教？"刘仁恭的答声虽然洪亮，但仍掩饰不了内心阵阵闪现的怯弱。

"奉梁王之命，愿与刘将军指条明路。"葛从周清了清嗓子，"将军如今兵困孤城，想必城中已有断粮危机，而我大梁有十余万大军聚集于此，兵精粮足，将军自料能对付否？梁王志在天下，有爱才之心，不计前嫌，将军何不顺势归诚，以保全百姓？否则我三军震怒，以十万余之兵力攻此危城，恐城破后将士们还不能尽兴，伤及无辜，不仅将军不能自全，连沧州百姓也难免于战火，到时将军可就是这沧州城的罪人。从周还请刘将军三思。"

刘仁恭默然不语，良久不发一言。葛从周遥望城楼，见刘仁恭单手扶立城垛，模糊的面庞上涌现出鲜明的纠结之色，他恍然大悟，顿时明白该如何劝降刘仁恭了。

"沧州不会再有救兵了！晋王李克用偷袭潞州兵败，中箭重伤，狼狈逃回太原，都自顾不暇了，还会救沧州不成！晋王此人，将军不会不知，他只会趁火打劫，怎会为他人赴汤蹈火，可笑将军还把他当作强援。"葛从周策马上前，愤然说出一段半真半假的话，好似与刘仁恭同仇敌忾一般。

刘仁恭陡然一震,面色煞白,浑身颤抖紧握双拳,连指甲都嵌入掌心了。他心中怒气横生,默默把李克用骂了个千百遍,一想到大恨无处发泄,不禁一拳狠狠地打在城墙上,拳面上皮肤擦破,渐渐渗出殷红的鲜血。

葛从周见刘仁恭满是愤恨与失望,乘机火上浇油:"将军莫要不信,太原距沧州不到二日路程,你被困一个多月,可有看到晋王的援军? 对将军的死活,晋王李克用根本毫不在乎,他巴不得将军战死,好趁机吞并幽州。不然,以将军之雄武,酣睡于晋王卧榻,晋王怎能安心,是以势必借刀杀人。"

这一番调拨离间,即便放在平常,也足以让人对盟友生疑,何况刘仁恭此时苦等李克用援兵不到。更让刘仁恭气愤不已的是,他还认为李克用放归使者完全是欺骗他,让他以为援军将至誓死抵抗。"李克用啊李克用,你为人为何如此不讲信义,如此无耻歹毒,你就不怕天打雷劈吗?"刘仁恭在心中痛骂。

这一骂也彻底断绝了刘仁恭对李克用的念想。沧州城里,将士们哀怨恐惧的氛围笼罩上空,是那样的晦暗阴郁,令人有窒息之感。刘仁恭不禁打了一个寒战,又蓦然闻此起彼伏的哀号之声,使被战火焚毁得如废墟般的沧州城更增添了几分悲凉。三军士气低沉,风声鹤唳,困守孤城无援兵,刘仁恭终于认为没有再坚守下去的必要了。

单骑立于城下的葛从周凛凛生威,不急不躁,正静静地等候刘仁恭的回答。突然,一面由内衣改成的血迹斑斑的白旗从城楼上冉冉升起,葛从周紧绷着的满脸横肉顿时松弛下来,紧接着发出一阵爽朗的笑声:刘仁恭终于投降了!

一箭之仇

投降后的刘仁恭仍是卢龙节度使，但地位由原来的朝廷地方军阀，变成了附属于梁国的武装势力。总而言之，刘仁恭在卢龙镇仍有很强的自主权，甚至可以说只是在名义上归附朱全忠，但这也是无可奈何才下定的决心。一来，朱全忠没时间再与刘仁恭在沧州僵持，必须回师攻打李克用的援军；二来，刘仁恭虽在沧州遭遇惨败，但北方重镇幽州仍是他的势力范围，朱全忠只能以保全他既得利益的方式进行羁縻，否则以刘仁恭的秉性很快便会降而复叛。如果趁刘仁恭投降除掉他，先不说杀降传出去名声不好，无主的幽州必将被毗邻的晋国吞并，那样岂不是为李克用作嫁衣？

刘仁恭见朱全忠保全他的职位，倒也颇有几分感激之心，毕竟他作为李克用的盟友，又曾屡次背叛朱全忠，势穷力蹙之下投降能得到这样的待遇，算是出人意料的恩情了。他主动要求朱全忠分别往幽州、沧州派遣监军，以彰显卢龙镇属于梁国的管辖之地，但朱全忠认为倘若刘仁恭反叛，派监军也无济于事，还让人白白送命，因而婉拒，以示信任。

刘仁恭感动不已，坚持让朱全忠派监军。朱全忠灵机一动，索性提出让刘仁恭返回幽州，监视晋军动静，再以帮助重建沧州城为由，遣心腹将领率领一千人马驻扎沧州。朱全忠此举意在监控沧州，主要是掌控沧州守将刘仁恭之子刘守文的生死，刘仁恭回到幽州以后即便怀有二心，必将投鼠忌器，不敢轻易反叛。刘仁恭没有看出朱全忠的用意，但在潜意识里觉得有点不对劲，因不便拒绝，只得喏喏领命。

招降之事已毕，朱全忠以梁王的姿态在城里宴请刘仁恭。此宴也是告别宴，一番畅饮之后，双方各奔东西，刘仁恭领命回幽州监视晋国，朱全忠则亲率大军直奔潞州，准备与康怀英里应外合夹攻李克用援军。

潞州城下，人潮汹涌，寒光四射，杀喊声如夏日隆隆响雷，振聋发聩。李嗣昭从太原领来了四万精兵，云集潞州，战甲兵器、攻城器械也准备得十分充足，抛石机发射的巨石、火球冰雹般密集地砸向城楼。在箭雨的掩护下，两辆攻城车同时撞击城门，伴随着一声声沉重的巨响，城门摇摇晃晃，连墙都要倒塌了似的。城墙上架起了数十架云梯，蚁附而登的晋军勇士不畏矢石、热汤，提着明晃晃的短刀奋勇攀爬。

晋军从各个方面发动猛攻，康怀英顾此失彼，防守潞州的压力陡然增大了许多。

忽然，一支玄铁骑犹如一道黑色的闪电，风驰电掣般迅速冲入晋军阵中。这支骑兵约有七八百人马，马头马背都披带轻甲，骑士们皆身着玄铁甲，手持长矛，在敌阵中横冲直撞，奋力刺杀。晋军毫无防备，面对突如其来的凌厉攻势，几无招架之力，阵型很快便被这支玄铁骑兵冲乱，死伤累累。

李克用见状，连忙下达军令，令步兵且战且撤离阵中，向两侧空地撤退，以李嗣昭领八千骑兵包围玄铁骑，企图围而歼灭。不料命令刚下达，战阵东西北三方，突然涌现黑压压的人潮，十余万梁军形成半圆形以排山倒海之势鲸吞晋军而来。因为南面是潞州城，晋军不可能向南撤退，只能无奈地落入梁军口袋阵中。

梁军从晋军中心开花，又以两倍兵力优势，从东西北三方将晋军包围，大有将晋军全歼之势。就算李克用这类身经百战的猛将，望见远处饿虎般凶猛、狂潮般倾泻而来的梁军，也不由得阵阵心慌，一时间手足无措。

"晋王，我军快被包围了，该如何是好？"周德威疾声厉色地请示命令。

李克用毕竟老了，锐气不如当年。他年轻时若遇到这种阵势，脑海中肯定只有一个"杀"字，任他千军万马，也要杀他个血流成河。现在他不复有当年之神力，也就没有横扫千军的自信，加之年长后思想上日臻成熟与稳重，不再莽撞，面对周德威的请示，他没有迅速下达命令。然而江山代有猛将出，他的义子李嗣昭没等他回答，抢先一步表态。

"兵来将挡，水来土掩，让孩儿领着这八千铁骑先杀个痛快再说！"李嗣昭是个战争狂人，见到如此大的阵仗不但不畏惧，反倒产生一股莫名的兴奋，只想杀个痛快。他潜意识里想着，若是把敌人都杀怕了，包围圈也许就不存在了吧。

"兄长莫要冲动。"白袍小将连忙叫住李嗣昭，"你看这三面黑压压的一片，少说也有十余万梁军，兄长杀得过来吗？"

"杀不过来又如何，难不成等死？俺死也要拉些垫背的！"李嗣昭啐了一口，扬鞭就想冲入阵中。

"匹夫之勇！"白袍小将急了，脱口便是一声怒斥，犹如一道响亮的霹雳，一时把李嗣昭震慑住了，"兄长纵然想杀个痛快，与梁军去拼个你死我活，难道不顾及父王了吗？如今当务之急，是让父王杀出重围，若是有个不测，你我都是晋国的罪人！"

经过义正词严的一顿训斥，李嗣昭认识到了自己的莽撞，他满脸通红，一句话也说不出，坐在马上干着急。

"那你以为当如何？"李克用终于开口，这时梁军距离晋军不到百米了。

白袍小将凝视南方有顷，疾声道："孩儿看东面梁军最为强盛、整肃，想必朱全忠就在此处，父王若想突围，需派一将攻打东面梁军。西北两翼的梁军为了护主，必然云集东面，这两侧的势力则会削弱。从北面过去是一片小树林，之后山丘纵横，不利于大军追击，父王便可从北部突围。"

李克用犹豫不决，从太原增兵数万，苦战多日，无非是为了攻下潞州，现在朱全忠大军一到，还未交战就想着突围逃命，想想真是不甘心。难道数万晋军精锐就一定敌不过十余万梁军吗？历史上以少胜多的战例并不少见，如果我晋军奋起反击，未必不能击溃梁军，此一战可就名垂古今了。

可这是在平原地带进行正面交锋，李克用转念一想，顿时信心大跌。这十余万如狼似虎的梁军，可能被数万晋军击败吗？城上的康怀英要是率军杀出来怎么办？他肯定会杀出来的，到时晋军腹背受敌，阵脚大乱，军心恐惧，还有何机会突围？不，现在已经是腹背受敌了，李克用猛然醒悟，这时梁军前锋正与晋军交锋，潞州城上箭矢如蝗，正一点一点地吞噬晋军的生命。

军情紧急，实在由不得李克用多想，他必须下定决心了。"父王，梁军已经展开攻势了，情况紧急，您再不下令突围，恐怕就没机会了。"白袍小将见前方晋军与梁军甫一交战，劣势顿显，心急如焚，厉声催促李克用突围。

"三军将士听着，留得青山在，不怕没柴烧，突围！"李克用左手揽辔，右手剑指苍穹，胯下的战马猛然抬起前蹄，在凛冽的朔风中嘶鸣不已。这一刻，晋军将士无不感受到了危险的来临，无不体会到

了处于烈士暮年的英雄李克用下达突围命令时的无奈与悲愤。在人潮汹涌、刀光剑影的战场上，此刻时间却仿佛凝固了，仰天嘶鸣的战马与凛凛生威的李克用犹如一座悲壮的铜像。

"你跟着本王从北面突围。"李克用慈爱地望着白袍小将，并采用白袍小将的建议，令李嗣昭率二万精兵猛攻东面梁军主力，又命周德威率二万人马于城下列阵断后，并趁机阻挡西面梁军追击。李克用自率一万五千精骑从北面突围，一旦突围成功，剩下的两部人马便迅速从突破口杀出，返回太原。

"领命！"白袍小将、周德威、李嗣昭三人异口同声，无不奋然。

部署虽然已定，但执行起来也并非易事。晋军外被梁军包围，内被玄铁骑杀得阵脚大乱，执行战术部署的三方都存在兵力不足的现象，因为晋军有相当一部分人马陷入外围梁军或阵中玄铁骑的厮杀中，无法脱身。

好在李克用、周德威、李嗣昭都是万夫不挡的猛将，自身的骁勇与魄力能够振奋将士、震慑敌军，对兵力的不足有所弥补。由于周德威负责在城下断后，考虑到正与梁军交战的晋军聚集城下不易，李克用与李嗣昭都没有从他这里分走太多兵马，而是各自率领少数人马分别杀向北、东两面，指挥两面晋军突围鏖战。

周德威不愧为百战名将，他虽负责断后，还需要佯装攻城，造成一种晋军并不想撤退的假象，迷惑梁军，为李克用突围减轻压力。潞州城上的梁军蠢蠢欲动，很想打开城门与城外梁军夹攻晋军，但看到数万晋军仍然云集城下并未溃退，对潞州的攻打也未停止，又犹豫不决，不敢贸然杀出。

战场形势瞬息万变，前一刻还是梁军以绝对优势碾压而来，这一刻东面梁军却被杀得人仰马翻，统帅朱全忠受惊不小。李嗣昭果然是一员悍将，他从城下率领了一支千余人的骑兵，以雷霆之势冲破玄铁骑，犹如一股强烈的飓风狂袭北面梁军。北面与梁军作战的晋军本来乱作一团，各自为战，见骁勇绝人的李嗣昭前来指挥，无不抖擞精神、奋勇异常，在李嗣昭的指挥下战斗力顿时凝聚，杀得梁军纷纷后退。

"系绛红色披风者便是梁王朱全忠，取得朱全忠首级者，赏黄金万两！"李嗣昭趁士气正盛，慨然高呼，以万两黄金悬赏朱全忠首级。他不是不知道，在强大的兵力悬殊下，梁军只是一时受挫，晋军将士不可能伤及朱全忠性命，但这道悬赏令却能够给朱全忠带来更多危险，迫使西北两侧的梁军向东面集中，从而给李克用突围减轻阻力。

果然，晋军将士蓦闻悬赏令，个个奋勇争先，犹如饿虎扑食，朝高头大马上的朱全忠杀去。朱全忠与几名偏将立于梁军阵中空旷处，由一支盔明甲亮的精锐骑士护卫，四周是杀气腾腾的梁军。这是一个比较安全又可以振奋军心的位置，但面对上万饿虎般晋军的冲击，很快便变得危险起来。

"梁王，此地危矣，晋军随时可能杀过来，还请梁王移步到阵后，由末将等前去抵挡晋军。"一身披红色盔甲的将领见晋军势盛，请朱全忠躲到大后方安全地带。

"不必，本王统率十余万大军，还惧怕这区区万余晋军不成！"朱全忠平静地凝视前方厮杀正酣的晋军，除了心脏跳动骤然加速外，让人丝毫感觉不到任何惧意。

"梁王乃万金之躯，此处实在太危险了。"

"是啊，梁王，您要是有个什么闪失，末将等万死莫赎，还请移步到后方。"

朱全忠身边的将领纷纷劝他后撤。朱全忠纠缠不过，只得坦诚相待："各位将军有所不知，本王在阵中可稳定军心，将士们若见本王后撤，必然军心大丧、斗志全无，那我军便已成败局。诸位无须担心本王安危，晋军人少，虽一时势胜，待本王调集西北两翼大军围剿，晋军必败无疑！"

"梁王圣明！"众将军无不豁然开朗，称赞朱全忠高瞻远瞩。

"黄将军，赵将军。"朱全忠慨然对身边两位青年骁将下达军令，"本王命尔等分别前往西北两翼，引导大军趋集此地，围剿晋军！"

"末将领命！"两名骁将异口同声。说罢策马扬鞭，驰入西北两翼梁军阵中，挥矛高呼道："北翼梁军勇士们，务必坚守阵营，奋力杀敌，其余人马，速随本将军杀向中军阵营，围剿晋军！"

"西翼梁军勇士们，速随本将军杀向中军阵营，围剿晋军！"

两翼梁军将士听得军令，迅速向北面中军阵营集结，李嗣昭所部人马迅速陷入梁军的包围圈中。李嗣昭毫无惧意，左杀右砍，奋力冲杀，凡所经过，无不望风披靡。然而李嗣昭一人并不能改变战场局势，晋军虽然骁勇，但不都是像李嗣昭那样的百战猛将，面对梁军的骤然增兵与层层包围，势穷力蹙，纷纷惨死在梁军的刀枪剑戟之下。

是时，争夺朱全忠首级以求赏的晋军将士，距离梁军中军阵中心还有数十米之遥，随着梁军兵力加强易守为攻，晋军将士每前进一米都是十分艰难。突然，一道道玄铁铸造的盾牌森然挺立，迅速在前方形成了一道玄铁墙，阻碍晋军铁骑前进的步伐。晋军将士正面露难色时，身后蓦然箭雨倾盆，中箭倒毙者十之五六，流矢击打在玄铁盾牌上，宛如奏响一曲激昂的战斗进行曲。

北面晋军败局已定，如果不迅速撤离，被梁军全歼只是时间问题。

为了围剿李嗣昭所部晋军，西北两翼的梁军多半聚集于中军阵营，两翼的防守相比战前，空虚了许多。李克用所部人马，人皆怀着突围求生的欲望，奋勇异常，在战场上不遑他想，只是一股脑儿向北冲杀。这部人马因要护卫李克用突围，皆是精锐骑兵，而北翼梁军是以步兵为主，晋军以骑兵对梁军步兵，是以锐不可当，梁军光被战马践踏而死者就不计其数。

李克用身材伟岸，又系着一袭白色披风，手提大刀在阵中奋力砍杀，即便在数万人聚集的战场上，也尤为显眼。梁军已完全掌握中军阵营战局，朱全忠得以于马上形容观察整个战场形势，倏然见得北翼有一魁梧大将手提大刀奋勇冲杀，心中一颤："此人莫不是晋王李克用？不好，上当了，晋王要从北翼突围而去！"

朱全忠恍然大悟，急命葛从周从中军分兵阻击李克用突围。葛从周作为梁军副统帅，一直与朱全忠在中军阵中观战，诸将劝朱全忠移步后方时，唯独葛从周默然不语，他深知朱全忠一撤便军心恐惧。当朱全忠下令西北两翼大军增援中军，葛从周面露些许难色，他有些想劝阻，因为战斗从开始到现在，还没有看见李克用，西北两翼包围如果因此松散，必然会给李克用可乘之机。

但事关朱全忠安危，而且葛从周毕竟只是猜测，再说战斗甫一开始就想突围不像李克用的风格，连朱全忠起初也没有料到，因此葛从周最终把话吞回肚子里，没有劝谏。然而他心中，早就想好了阻击李克用突围的对策。

一箭之仇

"葛将军，那位系白披风、提大刀的将领必是晋王，本王料他必然从北翼突围，烦请将军领兵增援，务必阻止晋王突围。"朱全忠用手指着北翼战场，向持矛而立于马上的葛从周发号施令。

"梁王放心，末将必不辱命！"葛从周两眼生威，眸子里精光四射，领着一部人马如怒潮般迅速地向北翼涌去。

"晋王休逃，葛从周来也！"李克用蓦然回首，只见一个满脸虬髯威风凛凛的大将提矛便刺，幸得他身手敏捷，倏然一闪，否则便被刺于马下。

"葛将军果然好身手，不知能否接得住本王这一刀！"李克用虚惊一场，提刀便向葛从周砍来。

葛从周把矛一横，双手握住两端，迅速举过头顶，突觉千钧之力撞击而来，连人带马后退数步，终于挡住了李克用猛烈的当头一劈。葛从周乘隙转动长矛，调整姿势，人与矛浑然一体，犹如一支离弦利箭朝李克用刺去。双方厮打在一起，只听见连绵不断的当当之声，彼此奋战百余回合，不分胜负。

这时北翼梁军大军云集，犹如一道坚固的人墙，堵住了晋军北去的出路。李克用向北突围的目的已被梁军洞悉，中军阵营处于劣势的李嗣昭再折损人马也无济于事，朱全忠不可能再调集北翼大军围剿这支败军。为今之计，只有从中军阵营撤往北翼，与李克用兵合一处，奋力杀出一条突破口突围。

此时的李嗣昭血染征袍，头盔被乱军打落，披头散发，刚毅的面庞上血迹点点。他长啸一声，一股斗志油然而起："兄弟们，杀向北翼，护卫晋王！"

"杀！杀！杀！"铺天盖地的杀喊声响彻长空，晋军将士凝聚最后一口气力,在刀林箭雨中直向北翼杀去。

"杀……"倏然,一阵冗长而震撼的杀喊声又从南面传来,朱全忠遥望潞州城下,一位跨黑骏马、手持长戟的猛将领着一支不下万人的军队,如长风破浪般冲击四周的梁军,声势浩大地向北翼席卷而来。

那人正是列阵城下负责断后的周德威。潞州城上已放缓守势,很显然,康怀英得知李克用放弃攻城意在突围,准备打开城门与晋军酣战一场。战场形势已变,梁军大军云集北翼,李克用必须集全军之力于一处才可能突围。否则突围不成,周德威再拖延潞州守军下城也毫无意义。而且他必须在康怀英下城之前撤离,不然潞州守军必将紧随其后攻击晋军,给晋军造成难以估料的损失。

在周德威率所部晋军杀向北翼时,康怀英果断下令打开城门,率守军追击晋军。城上战鼓震天响,城下梁军呼声动天,步履如飞,所幸周德威撤离迅速,才没有在与李克用会合期间被康怀英大军追击。

随着各部人马的集结,战场陡然缩小,东西两翼只留有少量打斗得难舍难分的梁、晋将士,而两国主力共十余万大军全部云集潞州城北。朱全忠仍率领少部人马坐镇原中军阵营,远观北面主战场,空旷的平地上空尘土漫天,旌旗在浑浊的空气中来来往往、迎风飘扬,梁晋双方激烈地厮杀在一起,难分敌我,只看到鲜血四溅、断臂横飞,只听见兵器碰撞以及呼喊与哀号的杂糅之声。

李克用与葛从周仍在酣斗,康怀英舞动长枪,接连刺死了五六名晋军,双脚敲打马腹,提枪直扑李克用而来。白袍小将见势不妙,策马驰骋,猛然朝康怀英一枪刺去,康怀英马蹄前抬人向后仰,终于

一箭之仇

有惊无险，让白袍小将刺了个空。

康怀英强敛惊魂，慨然道："好枪法，你是何人？本将军不杀无名之鬼！"

白袍小将正要答复，耳边突然传来一声熟悉的呼喊："勖儿休要与敌将纠缠，速速突围！"蓦然回首，见说话人正是李克用，他已摆脱葛从周的缠斗，率领一队精骑朝北面突击，左劈右砍，转眼间三四名梁军就成了他的刀下之鬼。

白袍小将连忙调转马头，迅速扫视战场，见周德威与李嗣昭正在与敌激斗，高声道："突围！切勿恋战，速速跟随晋王突围！"

周德威闻得军令，迅速挣脱与敌军的厮杀，率所部人马与李克用兵合一处，并力杀开一条血路。李嗣昭满脸是血，杀红眼了，不顾军令，策马驰骋，又接连砍倒了七八名梁军，毫无退意。

"兄长休要恋战，突围要紧！突围要紧！"白袍小将愤怒地扯开声带咆哮，他实在无法忍受李嗣昭在这个时候还意气用事，只顾着逞匹夫之勇。

李嗣昭麻利地一挥刀，将一名梁军低级武将首级砍下，长啸一声"杀"，率领所部人马杀向李克用突围处。

梁军虽然人多势众，但毕竟军队围成包围圈后相对分散，不如晋军三部人马集中一处，形成重拳出击的威力强大。眼看着晋军就要攻破重围，葛从周连忙指挥三军缩紧包围圈，并让梁军将士逐渐向北面聚集，形成一个北部凸出的不规则包围圈，增加晋军向北突围的阻力，耗损其战斗力。

晋军人人抱着突围求生的欲望，阻力越大攻势反倒越凌厉，紧缩的梁军包围圈又被数万晋军将士冲杀得松散起来。朱全忠于中军阵中观战,隐约看到晋军将士正向北层层推进,深知再不加强围剿,晋军极有可能突破重围。但现下东西两翼还有零星战斗,朱全忠所率领的这部人马人数不多,且不说要用作防卫,即便派过去围剿也是杯水车薪无济于事,他已经面临无兵可派的窘境。

"传令下去,取晋王首级者,赏万金,官拜节度使。"朱全忠灵机一动,决定以其人之道还治其人之身,悬赏鼓励梁军将士奋勇杀敌。

一名偏将率领一队数十人的骑兵,带着朱全忠的悬赏口令扬尘而去,杀入梁、晋大战包围圈中,一边杀敌一边高声宣读:

"取晋王首级者,赏万金,官拜节度使。"

"取晋王首级者,赏万金,官拜节度使。"

……

梁军将士们口口相传,很快便将这道悬赏令传遍三军,一时间呼声响彻寰宇,人人抖擞精神、前赴后继,恨不能立刻杀入晋军阵中,手刃晋王李克用。攻势猛烈的晋军听到这雷鸣般的呼声,顿时夺气三分,陡然间生出几分惧意,被梁军杀得狼奔豕突。

李克用深知此刻晋军气衰,若不迅速振奋军心,则极可能陷入梁军阵中突围无望。他奋力挥刀,砍倒了马下两名向他突刺的梁军,马蹄生风转向后方,朝迎面突驰而来的康怀英一刀劈去。康怀英飞快地把身子朝右一偏,躲过李克用一刀,不料李克用横着又是一刀,康怀英虽俯身躲闪,但仍被李克用砍掉头盔,狼狈不堪。

晋军将士见状一阵怒喊,这是战场上特有的欢呼之声。康怀英自知不是李克用对手,策马便逃,李克用倒也不提刀追击,只是挟兵锋顺带砍杀几名梁军,见晋军士气大为振奋,便呼喊着杀回原处,与最北面的晋军主力突围。

梁、晋双方各自将所率领的全部兵力投入战斗,在血雨腥风中不间断地厮杀了几个时辰,到日暮时分,彼此都有些筋疲力尽了。趁天还未黑,晋军犹如回光返照似的发起最后一轮攻势,终于在梁军包围圈中撕破一条口子,白袍小将率先突围。

被撕开口子的包围圈犹如决堤的江河,任由河水泛滥一发不可收拾,紧随白袍小将突围的是周德威,李克用提刀左劈右砍也冲破了梁军的阻截。李嗣昭率领所部人马,狂风般冲击梁军阵营,一路砍砍杀杀,一个个小小的包围圈被杀得七零八落,践踏着横七竖八的尸体,也终于在血雨腥风中突围。

李克用扫视晋军四周,一声悲叹,前后共七万大军攻打潞州,突出重围的剩下不到万人,而且个个血满沾衣、疲惫不堪。但好歹是突围了,君子报仇十年不晚,李克用吐出一口浊气,不遑多想,马不停蹄地率领晋军向北驰骋。

突然,他感觉胸口一阵剧痛,下意识地低头去看,只见前胸上插着一支利箭,殷红的箭镞上血滴点点。他强忍钻心之痛回首望去,康怀英骑着一匹深红色战马,张开劲弩,倏地一箭射将过来,他连忙躲闪。这下虽然躲过了利箭,但强烈的运动使他的前胸后背都疼痛万分,因为他之前就已经被康怀英射了一支冷箭,从后背洞穿前胸。

身后不远处的梁军仍在紧追不舍,李克用身受箭伤在马背上震得疼痛难忍,但为了摆脱敌军的追杀,他不得不忍痛扬鞭加快速度。剧烈的颠簸使他感觉每一秒都有利箭穿胸般的剧痛,痛过一阵以后又似乎痛觉神经麻痹,只是头昏昏沉沉几欲颠仆。

"父王,父王,你怎么样了?"

"晋王……"

白袍小将、李嗣昭、周德威等将领一阵心惊,高声询问李克用伤势,并策马簇拥上去。突然,一支冷箭犹如一柄飞驰的利刃,迅速划破污浊的空气,狠狠地刺入李嗣昭的左臂。李嗣昭大叫一声,用右手猛然抽出臂上的冷箭,急速调转马头,率领一队人马风驰电掣般杀向身后追击的梁军,兵锋直指射张弓拔弩的康怀英。

李嗣昭所部晋军与梁军又再次厮杀起来,这无疑阻挡了梁军追击的步伐。李克用尽管面容惨白,额头上渗出豆大的汗珠,但仍然强自镇定,面对将领们的关怀,勉强说了几句宽慰人心的话,便率领晋军驰骋以摆脱梁军追击。

天色渐渐暗淡下来,李嗣昭与康怀英边走边斗,打得难分胜负。这时李克用大军已领先梁军数里之遥,李嗣昭因此并不恋战,且战且退,终于脱离梁军的纠缠。因李嗣昭阻挡梁军追击所率人马皆是轻骑兵,日行数百里完全不成问题,梁军自然不及,因此李嗣昭很快便将梁军甩在后头,直追李克用大军而来。

不消小半个时辰,李嗣昭已赶上李克用大军,而梁军已被远远甩在后头。是时暮霭沉沉,李克用领着数千精疲力竭的将士来到一片稀疏的小树林,穿过层林再行数十里,便是晋国的边界地带了。晋军上下无不长舒一口气。

康怀英于远处遥望前方漫天尘土,自料难以追上晋军。等梁军追到小树林处,晋军已全然不见踪影,这时天色已黑了许多,只能朦朦胧胧看清楚周边之物,再追下去也无济于事,只能是自讨苦吃。康怀英凝望层林,长叹数声,"煮熟的鸭子都让飞了",然后无精打采地下令回师,向潞州城里的朱全忠复命。

时已开春,乾元殿外艳阳高照,尽管免不了饱受料峭的春寒,但龙椅上的李柷仍心情舒畅,怡然之心喜形于色。朱全忠不在洛阳的这段时间,朝廷照例旬日举行一次朝会,张文蔚与赵殷衡两位宰相远不比柳璨跋扈,对天子颇有几分恭敬,因此李柷不用整天绷着神经战战兢兢就过日子,倒是享受了一段快乐的时光。

朱全忠在沧州与潞州的战事异常激烈,洛阳宫里少不了传言纷纷。宦官、宫女们不知从哪听来的小道消息,兴致勃勃地议论前线战事,有的说梁王打败了晋王,也有的说晋王打败了梁王,观点相异者私底下彼此争论不休,一些赌瘾大的宫人还偷偷打赌押注。首相张文蔚三番两次辟谣,并严禁宫人们议论战情,但禁令管得了宫人们的嘴,管不了宫人们的心,管得了明处,管不了暗处,一些好事的宫人仍在私下偷偷议论。

这些日子以来,李柷也听闻了不少传言,他身边甚至还有小宦官偷偷给他道喜,煞有其事地描述梁王如何败得惨不忍睹,忠心皇室的晋王很快就要杀到宫中锄奸勤王,到时他便可做个堂堂正正的天子了。

李柷将信将疑，一向浑浑噩噩的他，对未来也因此抱有几分憧憬。他觉得首相张文蔚这人长得慈眉善目，像个好人，对他也十分恭敬，言必称陛下，与那群趋炎附势、时刻想着给朱全忠溜须拍马的朝臣截然不同。如果哪天能做个真正的天子，他想，一定还让张文蔚做首相，并且要重重赏赐他。

每隔旬日一次的上朝，无非是走形式而已，朝臣们先是给殿堂上的李柷行礼，礼毕后几个为首的大臣说几句无关紧要的琐事，李柷照例表示认同。之后，他身边的宦官会扯开声带，以尖细的声音询问朝臣是否还有要事启奏，这时候朝堂上往往是无一人吱声，针落可闻，于是宦官便宣布退朝，待李柷走后，百官们徐徐退下。

这种形式主义的朝会原本很枯燥，但过多了傀儡生活的李柷却觉得很享受，没有朱全忠或跋扈的柳璨在朝廷，面对恭敬的首相张文蔚，他产生了一种虚幻的崇高感。以前裴枢、崔远当宰相时，他也曾有过这样的崇高感，但如今已感觉不到，只记得朱全忠的雄武冷酷、柳璨的盛气凌人。

这次上朝，他依然沉浸在虚无的崇高中。张文蔚一如既往的谦恭，赵殷衡、薛贻矩等一干大臣见首相也这般恭谨，都在礼仪上恪守臣子的本分，言行举止无不符合朝廷的典章制度。群臣在议论那些无关紧要的朝政琐事时，也偶尔征询李柷的意见，李柷没有受过正规的帝王教育，不懂朝政，只是不断地点头称是。

朝议大约持续了半个时辰，朝臣们该上奏与议论的事情都已完毕，朝堂又一次静得毫无声音，这意味着下朝的时间又到了。但这次李柷不想就这样结束早朝，他也有事情想咨询群臣的意见。这几年来,他认为他的贴身宦官郑忠对他忠心耿耿,于是想趁朱全忠不在,而群臣们又难得对他如此恭谨的时候,提拔郑忠为殿中省少监,管理他的衣食起居。

此时的李柷已年满十五岁,这个年龄的孩子到了青春期,身体逐渐发育,褪去了几分孩童时期的稚气,性格上也变得张扬,甚至有些叛逆。李柷虽然长年在朱全忠的淫威下战战兢兢地过着压抑的生活,但只要他的克星朱全忠不在,贵为大唐天子的他向群臣表示要拔擢贴身宦官的勇气还是有的。

他毕竟只是个缺乏远虑的少年,没有想过朱全忠回朝后会如何看待这件事,又或者他抱着朱全忠被李克用打败的侥幸心理,于是腼腆地开了尊口:"宦官郑忠,尽职尽责,忠心耿耿,朕想敕封他为殿中省少监,以管理朕之衣食起居,不知诸位大人意下如何?"

李柷说完后,朝堂上依旧是针落可闻,大臣们对他的问题不置可否。但事实上,沉默就是对李柷无声的抗议,又可能还有无声的蔑视。

"诸位大人究竟赞同否?"李柷尴尬地提高了嗓门。见群臣仍然默不作声,他满脸涨得通红,怯弱地望着张文蔚,"张相怎么看?"

"本朝深受宦官之祸,先帝在位时,宦官刘季述祸乱宫廷,残害忠良,连先帝也险遭其毒手,此诚不可不鉴。"

张文蔚话虽说得含蓄,但观点很明确,不支持李柷提拔宦官郑忠。他所提及的宦官刘季述,此人是昭宗年间的权阉,官拜神策军中尉,权势熏天,曾软禁昭宗皇帝及何太后,并胁迫昭宗交出传国玉玺,拥立幼主为天子,以便他更肆无忌惮地揽权擅威,挟天子以令诸侯。刘季述的得势,无疑损害了朱全忠在朝廷的利益,他于是派李振与时任宰相的崔胤密谋,这才将刘季述及一众宦官党羽一网打尽,全部处以极刑。

然而这似乎并不是否定李柷敕封郑忠的理由。李柷并没有给予郑忠逾越制度的特别关照,只是想把他置于现有的殿中省少监职位上,少监之上还有殿中监,如果李柷敕封郑忠为少监不妥,那么现任殿中监岂不是更不该存在?事实上,不是宦官不能做少监,而是李柷的心腹宦官不能做少监,所以投靠朱全忠的宦官李世良却可做殿中监。朱全忠绝不可能让李柷培植自己的势力,哪怕他仅仅是无意识地出于喜爱某位宦官。

李柷觉得张文蔚的回答莫名其妙,他颇为不满,悻悻地说道:"张相说宦官乱政,朕只是想让郑忠管理朕的生活罢了,何来乱政?倘若殿中少监可以乱政,请问张相,殿中监岂非乱政更甚?"

张文蔚被李柷这一理直气壮的反问问得哑然失声。正当他不知如何应对尴尬窘迫之际,殿外忽然传来一阵急促的脚步声,一个满身戎装腰佩长剑的将军领着一队武士凛凛生风而来,群臣莫不回首察看,此人正是梁王朱全忠。

"陛下要敕封阉宦,为何不与本王商量!"

朱全忠高声肃然,言语之中颇有几分责备的意味,随即示意武士们列于殿门左右两边,昂首跨步入殿。群臣见状莫不施礼,唯有李柷陡然一惊,毛骨悚然,眼神呆滞无光,几乎瘫坐在龙椅上。

朱全忠并不回礼,上前朝李柷一拱手,慨然道:"自玄宗以来,阉宦得势,高力士、李辅国、鱼朝恩、程元振等皆是一时之权阉,他们依仗着天子的宠幸,口含天宪,树权擅威,为所欲为,到后来连天子也不放在眼里。宪宗皇帝被权阉王守澄、陈弘志所弑,文宗皇帝被仇

太祖皇帝

士良指着鼻子痛骂,连昭宗皇帝也险遭刘季述毒手。现在陛下想贸然拔擢宦官,却不与本王和群臣商议,这实在是祸乱之萌!"

被朱全忠这一番激烈的数落,本来略有些收敛惊魂的李柷,又感觉脑子里一片空白,惊惧得不知如何应对。良久,他才颤颤巍巍地为自己辩解:"可……可郑忠不同,他是忠臣。"

没想到朱全忠听到这话火气更大:"自古帝王宠幸佞臣,哪个不以之为忠臣?难道宪宗、昭宗是明知宦官要弑君还故意宠信的吗?陛下犯下大错不知悔改,何以面对祖宗,何以继承大唐三百年的江山社稷!既然如此,陛下何不退位让贤!"

李柷顿觉五雷轰顶,吓得浑身木然,似乎心脏都停止跳动了。朱全忠这番话,岂止是数落天子之过错那么简单,他是要取天子而代之,而且篡代之心急迫得一览无余了。更令李柷寒心的是,满朝大臣没有一个为他仗义执言,指责朱全忠出言不逊,无不是像根木头似的杵在朝堂上,面无表情,默不作声,连在他看来颇有长者之风的首相张文蔚也是如此。

这种静得可怕的沉默,意味着唐王朝已经丧失群臣之心,意味着大臣们都将默许朱全忠取代唐王朝。事已至此,李柷除了万念俱灰、听天由命,还能如何呢?他一个十五六岁的少年,做了几年傀儡皇帝,连提拔一个小小的宦官都不能如愿,如若还想凭一人之力与朱全忠对抗,简直是螳臂当车,随时都可能血溅三尺,像他父皇一样死得不明不白。

人总要现实点,李柷是这样自我安慰的。祖宗帝业的衰弱,不能怪罪在他头上,他纵然有心杀贼,也一定无力回天。

怔了半晌,李柷强抑惊魂,但仍然是一副懦弱的面孔,眼珠怯生生地四处打转。此刻他很尴尬，不知如何回复朱全忠"何不法尧禅舜"的质问，他既不敢出言顶撞，更不可能因此当众宣布退位。虽然他不知帝位终将不保，但那毕竟是天下至高的尊位，自古以来，又有哪位天子仅凭权臣一番数落，就乖乖退位的？

即便要退位，也要选择一种有尊严的方式。虽说天子被逼退位，本身就是一件很没尊严的事情，但既然已经受辱，就不能再辱上加辱。

"这……这恐怕不是梁王该问的吧？"李柷不知哪来的勇气，怯生生地挤出了这么一句话。

朱全忠闻言，顿时勃然大怒，他感觉自己的权威被这个黄口小儿挑衅了："放肆，尔是本王所立，本王要废掉你易如反掌，如何问不得！"朱全忠越发明目张胆，直呼李柷为"尔"，不称陛下，且直白露骨地训斥他。

"别妄想还有什么晋王救你了，这天下现已完全是本王说了算，晋军在潞州为本王所败，晋王中箭，狼狈逃回晋国去了，现在还不知是死是活。诸位同僚，尔等皆是识时务之人，何去何从，想必自有考量。"

群臣蓦闻此言，一阵交头接耳，窃窃私语，朝堂如人头攒动的菜市场，嘈杂不堪。唯有李柷，他那股莫名的勇气因此骤然消失，整个人就像泄了气的皮球一样干巴巴的，蜷缩在龙椅上，侧目而视，眼看着朱全忠扬长而去。

倏忽又过了一个多月，朱全忠并没对李柷采取任何措施，这在李柷看来，似乎朱全忠并不急着取代他。事实上，这一个多月以来，洛阳朝廷里并不平静，各种祥瑞层出不穷，朝野上下流言纷纷。

先是在天祐四年二月底，即朱全忠班师回朝七天后，就有传言洛阳郊外有白虎、凤凰出没。从三月开始，只朔日到望日这十多天里，就出现了十多次祥瑞事件，如白狼、白鹿、麒麟形云彩等等，不一而足。到三月底，更是有人煞有介事地传播，某日晚上一位白发飘飘仙风道骨的老者骑黄龙从天而来，声称天祐四年四月当有新天子。

与洛阳一样，朱全忠的老巢汴州也不平静，祥瑞现象层出不穷。短短一个多月的时间，祥瑞事件也出了七八次。还有人有模有样地编故事，在茶馆酒肆里说得唾沫横飞，说是梁王朱全忠当年出生时，屋顶有红光上腾霄汉，里人相顾惊骇，都以为朱家失火了，连忙打水赶去救火，结果发现朱家屋舍俨然，只听闻婴儿啼哭之声，便是朱全忠出生了。

接连不断的祥瑞事件不可能是真实存在的，显然是有人精心策划的谣言，其目的则是为了实现背后操控者的政治野心。果然，到了这年四月，一首大街小巷传唱的童谣，隐晦地暴露出了幕后操控者及其政治野心。

六腿老牛，耕地不休。

黄龙绕梁，朱门代李。

六腿老牛，是个朱字；耕地不休，意思是对主人保全了忠心，即全忠；黄龙绕梁，意思是黄龙在汴州盘旋，意味着汴州将出现新天子；朱门代李，即是说姓朱的要替代姓李的。如此分析，这首十六字的童谣意思便不难理解，即朱全忠将要改朝换代，在汴州称帝。

这首童谣在洛阳传得沸沸扬扬，满朝皆知。恰在此时，朱全忠却以避嫌为由，率领敬翔、李振等人离开洛阳，大张旗鼓地返回汴州。留守汴州的梁王世子朱友贞接到消息，连忙准备好卤簿仪仗，在朱全忠抵达汴州那日,出城三十里相迎。

朱全忠回到汴州后,照例接见梁国各级文武官员的拜访,并设宴款待,之后便是有条不紊地处理各项军政事务,所作所为似乎与从前并无两样。但这些都只是表面现象,私底下朱全忠令敬翔、李振加紧监制天子服饰、礼器等,篡代之心呼之欲出。

在洛阳朝廷里,李柷原以为朱全忠的离开,意味着他的皇位暂时无忧,却不知精明的朱全忠是以退为进。首相张文蔚、次相赵殷衡、御史大夫薛贻矩等见风使舵,利用敬翔所策划的祥瑞事件与传播的童谣大做文章,劝说李柷法尧禅舜,退位给朱全忠。

四月望日的朝会上,张文蔚等一干重臣人人神情肃然,鱼贯而入。群臣向李柷敬礼后,朝会正式开始,张文蔚率先出列,庄重上奏道:"自玄宗天宝年间逆胡安禄山作乱以来,朝廷日渐凌迟,奸臣弄权,阉宦乱政,节度使穷兵黩武,背弃天恩,往往而在。当此之时,黎民饱受战乱之苦,而天子或昏庸无道,或受制于人,不能安定社稷,拯救斯民。伏睹梁王当朝以来,讨伐不臣,仁及恭顺,德布天下,是以天下又安,万民归顺。臣等愚见,万民有主,唐室已失民心,陛下何不法尧禅舜,上合天意,下顺民心?届时,梁王可封一美邑于陛下,陛下既可安宗庙,又不失富贵,岂不美哉?"

张文蔚的语气虽并不激烈,但这番话对李柷而言,仍无异于晴天霹雳,他怎么也没料到,他眼中谦恭的张先生,竟然率众劝说他退位。李柷感到后背一阵发凉,两腿不由自主地颤抖,额头上渗出的一颗颗豆大的汗珠贴着惨白的脸颊滚落下来,他脑子一片空白,良久不发一言。

过了半响,他才带着哭腔开口:"唐兴至此,近三百年矣,祖宗创业艰难,朕怎忍心拱手相让? 况且朕即位以来,自认为并无过错,诸卿何必苦苦相逼?"

赵殷衡随即出列,拱手道:"臣敢问陛下,即位以来,可有何功?"

李柷被问得哑口无言,不知如何应对。赵殷衡乘机道:"天子者,上天之子,万民之主,陛下为民之主,却不能为民谋福,上悖天意,下违人心,陛下虽无恶举,但不能造福万民,不是过错又是什么?"

"若让朕亲政,或许不至于此。"李柷双眼红肿,两行热泪汩汩倾泻,抽泣道,"朕实在有苦难言,诸卿难道不体谅朕吗?"

李柷所谓的有苦难言,是指朱全忠当权,让他做傀儡皇帝,无所作为。薛贻矩闻言,当即出列,慨然道:"陛下已失民心,梁王当政,实乃民心所向,陛下何不知天下大势,而侈谈亲政?"

"还有一事,想必陛下有所耳闻,近来东都、汴州两地,祥瑞频现,民间传言纷纷,皆言当有新天子出现。本月初,洛阳大街小巷都在传唱一首朱门代李的童谣,臣派人询问过百姓们,都说这首童谣是仙人传授。由此可见,梁代唐、朱代李,实乃上应天意,下顺民心,陛下何不顺势而为?"

李柷悲伤的面容浮现一丝不屑,淡然道:"祥瑞、童谣之事,未免有些虚妄,朕怎能因此舍弃祖宗三百年的江山社稷?"

"恕老臣直言,兴废衰亡,自古之理。"张文蔚依然表现得很谦恭,"老臣请问陛下,天下哪有不亡之国? 隋若不亡,何以有唐? 大唐传至陛下,已有三百年,气数已尽,陛下何必苦苦死撑? 倘若顺应天心民意,或可转祸为福;若逆天而行,恐遭天咎呀!"

"张相说大唐气数已尽,何以见得?"李柷颇不服气。

张文蔚闻言,不好作答。倒是赵殷衡听到这话,有些不耐烦了:"既然陛下有此一问,就请恕臣冒犯之罪了。"

"臣请陛下法尧禅舜,传位梁王!"赵殷衡膝身行了个大礼,声音洪亮,以略带逼迫的口吻劝李柷退位。

"臣等请陛下法尧禅舜,传位梁王!"赵殷衡话音甫落,群臣纷纷跪地,异口同声地劝说李柷退位。数百位大臣一齐高呼,声音如山呼海啸,震耳欲聋,萦绕在朝堂里经久不绝,也震得李柷面如死灰。

李柷痛哭道:"卿等食大唐之禄,中间还有大唐的功臣子孙,为何要做大唐的掘墓人?祖宗何负卿等,朕何负卿等,为何要苦苦相逼?"

赵殷衡道:"大唐早已名存实亡,臣等皆是食梁王之禄,非大唐之禄。事已至此,陛下若传位于梁王,梁王必不负陛下;陛下若昧于大势,不顺承天心民意,臣就不敢担保以后会发生什么了。望陛下好生斟酌!"

李柷闻言,陡然一震,又陷入一阵沉思。赵殷衡此言,分明是威胁,如果李柷誓死不退位,朱全忠要篡唐自立,就必然采取特殊手段,弑杀李柷。李柷作为一个傀儡皇帝,孤身一人,再反抗又有何用,只能给自己带来杀戮。但这毕竟是三百年大唐天下,尽管他多次心如死灰,多次自我安慰要顺其自然,可真到了这天,他仍不能释然。是啊,谁愿意将这大好江山拱手相让呢?

两行热泪仍在汩汩流淌,此刻李柷浑身战栗,双齿紧咬下唇,冷汗如骤雨般倾泻,在神情恍惚之中,他终于做了那个沉重而可耻的决定——退位。

这时又是一阵山呼海啸,群臣无不欢呼雀跃,齐呼"陛下圣明"。

太祖皇帝

短暂的呼声过后，大臣们又与李柷商议了禅位日期，并征得李柷同意，在禅位之前，由将士护送、百官陪同到汴州，于禅位之日朝拜朱全忠，并接受敕封。薛贻矩以文采见长，主动请缨撰写禅位诏书，并提前出使汴州，告知朱全忠有关禅代的事项。

薛贻矩到了汴州，以臣礼拜见朱全忠，慨然宣读诏书："梁王神武盖世，功业昭著，天人尽知。今仰观天象，体察民心，知李唐之气数已尽，神器更易，运给朱氏。祥瑞频现，皆指梁王。朕虽不敏，尚知天心人意，窃慕唐尧禅位之美德，今追踵圣王之典，逊位梁王。王其勿辞，顺承天意，救济斯民。"

朱全忠头戴王冠，穿着一件绛红色蟒袍，脚踏九合靴，接诏时只是在殿上作揖，闻得诏书，登时心花怒放，径直从金祥殿中的王位上走下来，温言道："先生辛苦了，不知洛阳朝廷里的诸位同僚是何看法？"

薛贻矩正色道："禅位之事，乃陛下与群臣共同谋划，梁王称帝是众望所归，还望梁王尽早登基，以慰人望。"

朱全忠听完神色怡然，便想伸手拿逊位诏书受诏。敬翔见状，连忙走到朱全忠身旁耳语了几句，只见朱全忠登时变得严肃起来。薛贻矩顿感疑惑，幽幽问道："不知梁王还有何疑虑之事？"

朱全忠并不作答，只是转身拾级而上，正襟危坐在王位上，朗声道："禅代之事，事关天下大计，本王不敢自作主张，不知诸位有何想法，但说无妨。"

话音甫落，但见殿内文武大臣一起跪拜，向朱全忠行皇帝之礼，异口同声道："臣等伏望陛下顺承天意，早日登基。"

朱全忠连忙虚手相扶："诸位这是干什么？快快请起！"

李振高声道："禅代之事，不仅为天子与群臣之意，更是天下黎民之愿，此事无须再议，希望梁王顺应天下万民之心。"

朱全忠温言道："先起来说话。"

李振慨然道："梁王若不答应，臣等便长跪不起。"

"请梁王接受禅位，否则末将等长跪不起。"一个粗犷的声音在殿内萦绕，朱全忠定睛一看，连大将葛从周也力劝他称帝。

这时殿内群臣纷纷附和，长跪不起之类的话语此起彼伏，声震金祥殿，劝进之势异常激烈，似乎场面将要失控。朱全忠此刻面容凝重，谁也不知道他心里想的什么，过了半晌，他才狠狠地长叹一口气，以无奈的口吻道："既然诸位都认为本王该当接受禅代，为了万民福祉，全忠虽不才，但也只能如此了。"

"吾皇万岁万万岁！"殿内又是一阵山呼海啸，朱全忠虽未登基，但殿下文武官员已经迫不及待地称他为帝了。

朱全忠面露悦色，嘴角又泛起一丝久违的阴鸷，面对唾手可得的帝位，再完美的伪装也无法掩饰内心的喜悦。一阵跪拜欢呼后，朱全忠紧接着与薛贻矩商议禅位事项，并综合洛阳朝廷的建议，很快便决定了相关事项，并命敬翔、李振为之妥善准备。

四月望日，这日天朗气清，惠风和畅，是个适合出行的好日子。还有三日，便是朱全忠的登基大典了。身着典雅礼服的李柷惴惴然，坐在龙辇中止不住倾泻的泪水，辇外的数百护卫骁骑一个个盔明甲亮，整齐排列，在两位宰相张文蔚、赵殷衡的率领下，护送李柷前往汴州禅位。

朱全忠也提早做好了迎接李柷的准备。他不仅让汴州文武官员偕同他出城三十里相迎，并召集汴州百姓让他们在城内夹道欢迎,他要让李柷这次禅位之行变得正式且隆重,让天下人都认为这次禅让是庄重的,不是儿戏。

当李柷的龙辇徐徐进入朱全忠的视野时,他仍然率领汴州文武官员以臣礼拜见,并亲自引导仪仗、护卫队伍进入汴州城,迎着道路两旁百姓期待与好奇的目光,在欢呼万岁声中堪堪驶入汴州王宫玄德殿。这时,朱全忠以臣礼恭请李柷下辇,与他并排缓缓步入殿中,安置妥善李柷的起居才恭敬地请退,只等明日的禅让与登基大典了。

天祐四年四月十八日,这日天气异常,风起云涌,却又阳光普照。汴州郊外的广场上,筑起三丈高的临时高坛,坛上安放一张盖黄缎的方形大桌,桌上井然有序地摆满各种祭品。高坛四周五丈开外,数万盔明甲亮的晋军威严肃穆地环绕高坛,只在通往宫中金祥殿的一方留下一条两丈宽的口子。

朱全忠头戴通天冕,身穿衮龙袍,脚踏龙纹长靴,与同样装扮的李柷并肩立于坛下。在两位天子身后,集结了汴州、洛阳五百余位文武官员。官员们一个个神色庄肃,穿着隆重的朝服,恭敬地立于坛下。

寅时时分,禅让大典开始。在典雅的礼乐声中,朱全忠携手李柷拾级登坛,祭天。这时雅乐倏然停止,朱全忠向上天禀明唐天子李柷禅让之举:天祐四年四月十八日,臣朱全忠敬告昊天上帝,唐朝衰微,运归梁国,全忠恭从上天之旨、万民之意,谨受天子李柷禅位,伏望上天赐福新朝。

敬告完毕,朱全忠与李柷同时手捧长香,神色庄重地拜祭上天。礼毕,雅乐再次奏响,待朱全忠与李柷走下高坛,雅乐又再次停止,是时张文蔚庄肃宣读正式的禅位诏书：

咨尔天下兵马大元帅梁王：朕每观上古之书，以尧舜为始者，盖以禅让之典，垂于无穷，知天下至公，非一姓独有。是故天命不常，神器更易，归于有德之人。唐室衰颓，自懿祖后，嬖幸乱朝，祸起有阶，沧海横流，群生无庇。洎于小子，冲年继统，不能理庶政、守洪基，是以生灵涂炭，社稷倾危。惟我梁王，明圣在躬，奋扬神武，戡定区夏，大功二十，光著册书。今则上察天文，下观人愿，天之历数在梁，允执厥中，天禄永终，王其祇显大礼，享兹万国，以肃膺天命！

张文蔚读完，朱全忠神情肃然庄重地接过诏书，禅让之礼便算是结束了。此时此刻，李柷强忍眼眶里打转的泪水，神色木然，任由两名宦官摘下头上的通天冕，脱掉衮龙袍，以人臣之礼朝朱全忠跪拜。随着李柷的跪拜，五百余位文武官员及数万名禁军也一齐跪拜，"吾皇万岁万万岁"的呼声响彻长空。

朱全忠心潮澎湃，若非平素惯于伪饰，恐怕很难在此刻抑制内心的激动，苦心孤诣谋求的帝位终于在今日到手了！他得意地说了声"平身"，随即命銮驾起行，徐徐朝宫中驶去，将在金祥殿开启他帝王生涯中的第一次朝会。

金祥殿里，气象万千，殿门口两边各列一队披甲执戟的侍卫，一直延伸到殿外广场入口。梁国文武大臣分为左右两队，分别以敬翔、葛从周派队首，中间一队则是以李柷为首的前朝君臣，三队人员纷纷鱼贯而入。

进入殿后，群臣按原班次排列，恭候朱全忠上朝。俄顷，朱全忠头戴通天冕，身穿衮服龙袍，大摇大摆从殿后簇拥出来。群臣见状，连忙跪拜行人臣大礼，"吾皇万岁万万岁"的呼声在殿内回响，经久不绝。

"平身！"朱全忠朗声说罢，随即示意身旁宦官宣读即位诏书。

身着红袍的老宦官谨慎地打开诏书，以尖细的声音神采奕奕地诵读道：

> 苍天弃唐，凶乱迭起，四海沸腾，生民有倒悬之急。朕本宋州庶民，起自寒微，讨伐不臣，安定社稷，天下枭雄莫不望风披靡。今神器潜移，天命归梁，朕恭承天意，俯允民心，改朝换代，以大梁为国号，改汴州为开封，以为东都；改唐天祐四年为大梁开平元年，并从即日起，改名为晃；追封皇考朱诚为烈祖皇帝，皇妣王氏为文惠皇后，已故王妃张氏为文贞皇后。另封诸皇子为王，各功臣宿将均有重赏。新朝初立，四海尚未一统，诸爱卿当与朕同心协力，横扫八方，光复宇内，开创大梁盛世。钦此！

朱晃，即五代十国第一个王朝梁朝的创立者，是为梁太祖。朱晃本名朱温，因在黄巢之乱中投靠朝廷，赐名全忠。现在他篡唐自立，自然不能再用全忠这个名讳，于是取日光普照之意，改名为朱晃。

在老宦官宣读完毕诏书后，朱晃又颁下一道敕封诏书，以大梁第一功臣敬翔为知枢密院事、金銮殿大学士，特掌机要，封平阳郡侯；以葛从周为梁朝武将之首，拜左金吾卫上将军，康怀贞、杨师厚居其次，分别为左右卫上将军；拜李振为殿中监，张文蔚、赵殷衡为门下侍郎，薛贻矩为中书侍郎，并同平章事。

在朱晃敕封群臣时，最紧张的莫过于李柷，作为亡国之君，他不知道新王朝的天子将如何处置他，他急迫地希望看到结果。可朱晃封来封去，朝堂上几乎所有的功臣宿将都敕封了一遍，唯独没有提及他。此时的李柷，脱去了帝王的服饰，身穿寻常贵族公子的衣服，耷拉着脑袋,战战兢兢地立于朝堂之上。

在敕封完所有的功臣宿将之后,朱晃终于把目光聚焦在李柷身上。他起初并没有说话,只是示意宦官捧着一件华贵的藩王朝服,将它交给李柷。李柷不知所措,连忙跪拜。朱全忠叫他穿上,而后郑重下诏:封李柷为济阴王,世袭罔替。李柷此时犹如绝处逢生,欣喜异常,似乎忘掉了亡国之痛,感激地朝朱晃叩头谢恩。

朝会过后,梁太祖朱晃召集诸宗室功臣,在宫中大摆国宴,庆祝新王朝的建立。是日夜里,开封城皇宫里灯火通明,鼓乐齐鸣,在丝竹管弦之声中,歌女们舞动曼妙的身姿为赴宴者助兴,宗室群臣们无不开怀畅饮,觥筹交错间,欢呼声、祝贺声、万岁声此起彼伏,人人沉浸在国宴的喜庆之中,浑然不知东方既白……

报 应 不 爽

　　欢乐的日子总是短暂的,而生命中的难题却像横亘在前方的山脉,一眼望不到尽头。朱晃及新朝廷的文武大臣都明白,开国之后,最大的难题就是统一天下了。因此在登基数日后,朱晃连忙发布诏书,告知天下人改朝换代之事,并劝勉天下人都要尽忠职守,不可对新朝廷存有反心,以身犯法。

　　那些势力弱小的地方军阀,如幽州刘仁恭、潭州马殷等,见风使舵,连忙奉表称臣。但除吴国因权臣徐温早已归顺梁国外,其他强大的割据势力均不承认新朝廷。

　　岐王李茂贞仍奉唐朝正朔,用天祐年号,暗中与朱晃的梁朝对立。

　　蜀王王建更是公然否认梁朝的正统性,传檄天下,呼吁天下藩镇共同讨伐朱晃。所幸天下人都清楚王建的真实用意,这件事最终雷声大雨点小,不了了之。此事之后,王建的野心也表露无遗,他呼吁天下藩镇讨伐朱晃,不过是企图取朱晃而代之,目的也是做皇帝,但既然阴谋胎死腹中,则证明这招行不通,不如直接称帝算了。

于是，王建依葫芦画瓢，在蜀地大肆制造祥瑞事件，并怂恿群臣劝进。开平元年九月，蜀国文武大臣齐集王宫，上奏王建：蜀王虽忠于唐室，但唐室已亡，蜀王拳拳之心无可寄托。近来祥瑞频现，此乃上天有旨，让蜀王继承大统，为唐室复仇。

王建窃喜，率百官和数百平民于郊外大哭三日，并在成都南郊祭天，即皇帝位，建立蜀国，史称前蜀，王建即前蜀高祖。王建即位后，随即改元武成，大赦天下，敕封诸子、百官，大摆国宴，痛饮数日，似乎做好了不理中原之事，只想快活地做个蜀中土皇帝的打算。

当初王建在策划讨伐梁朝失败后，曾派使者联系李克用，劝说李克用与他"各帝一方"，李克用婉言谢绝。当时的李克用正饱受疾病的折磨。他戎马一生，参加过大小战斗不下三百次，浑身创伤，好几次都是死里逃生。数月前在潞州突围途中，他被康怀英射了一箭，那箭从后背穿过前胸，差点要了李克用的命。

然而李克用虽然没有死于康怀英的箭下，但箭伤本身就足以要掉他大半条命，加上引起旧疾复发，到开平元年年末，李克用病入膏肓，处于弥留之际了。

临死前的李克用仍忘不了朱晃，这个人给他带来了一生中最大的耻辱，他征战一生，从未遭遇过潞州突围那样的狼狈。这一年以来，他提心吊胆，唯恐朱晃乘机攻打晋国，所幸在潞州之战后，朱晃急于称帝，而称帝后的数月内，虽明知晋国不承认新朝廷，但迫于安定梁国内政，尤其是给黎民百姓颁布新朝廷的恩惠政策，因此无暇顾及晋国。

李克用并不是得过且过、贪图安逸之人，他庆幸梁国没有趁机攻打晋国，这让在潞州之战惨败的晋国获得喘息之机。他还想将来

报
应
不
爽

打败朱晃,复仇雪耻,怎么可能永远在梁国面前战战兢兢、苟延残喘,只是整天祈祷梁国不要讨伐晋国?

但李克用也明白,自己来日无多,雪耻的事情只能寄托后辈了。这些日子,李克用病情又加剧了,尤其是他得知义弟契丹酋主耶律阿保机竟然向朱晃奉表称臣,气得不住地喷血,他感觉再不交代后事就来不及了。

"世人常说五十不为夭,本王戎马一生,能活到五十三岁,算是老天保佑了。人固有一死,孩儿不必太过伤悲。"躺在病榻上的李克用奄奄一息,见床榻旁身穿深色便服的白袍小将悲恸不已,反倒安慰起他来。

"父王……"白袍小将失声痛哭,终于没忍住眼眶里盈盈泪光,豆大的泪珠落满双颊。

李克用道:"亚子,别哭,好男儿流血不流泪。父王这一生,也算得上叱咤风云了,只是有几件事,这辈子都没法做了,父王深以为憾,希望你不要忘了。如果有朝一日能够帮父王完成心愿,那么父王就是死了,也会含笑九泉。"

"您的病肯定会好起来的。"白袍小将抽泣道,"您说,不论什么事情,孩儿一定答应,哪怕就是上刀山下火海,也一定帮父王完成。"

"看到这个木匣子了吗,"李克用艰难地转动脖子,用目光斜视右枕边一个古铜色长方体的木盒,幽幽道,"你把它打开。"

白袍小将轻轻地拿起木匣,小心翼翼地打开,偌大的木匣里只有三支箭。他满脸愕然,道:"父……父王,这是何意?"

李克用面容凝重,义愤道:"亚子,我要你记住,这三支箭,代表晋国的三个仇人。"

"三个仇人?"白袍小将更加不解了。

李克用道:"潞州之战我军惨败,父王还被梁国大将康怀英射了一箭,这是父王一生的耻辱,晋国的第一个仇人便是梁国。当初父王与幽州节度使刘仁恭结盟,共同盟誓互不侵犯,有难同当,他被梁国围困时,晋国出兵救援,他却背信弃义投靠朱全忠,致使我军惨败,晋国的第二个仇人便是刘仁恭。还有契丹酋长耶律阿保机,此人见风使舵,在父王落难时向梁国奉表称臣,这是晋国的第三个仇人。此三仇不报,父王死不瞑目,亚子,父王希望你不要忘了晋国的耻辱,将来有一天能报仇雪恨!"

李克用耗费最后一丝气力,断断续续地说完临终遗言,已是气若游丝,突然又感觉一股浊气上涌,停滞在喉管里。这时他感觉一阵窒息,脑子里天旋地转,眼皮不住地向下颤抖,终于忍不住闭上了双眼。可这一闭眼,就再也没醒过来。

梁开平二年春,一代枭雄李克用溘然长逝,临终前留下遗命,立长子李存勖为晋王。李存勖即前文中的白袍小将,小名李亚子,此人英武不凡,骁勇多谋,在继承李克用晋王之位后,始终不忘亡父耻辱,食不甘味,训练甲士,厉兵秣马,只为有朝一日能够大破强敌,定鼎中原,一雪晋国之耻。

朱晃在位的前几年,志在统一,为此他励精图治,也做了不少于国有利的好事。为了恢复农业生产,他甫一即位就颁布惠农政策,减轻赋税,奖励耕战,向没有耕牛进行农业生产的农民租借耕牛,梁朝农业得到迅速发展。

在军事上,他禁止骄兵悍然扰民,地方军队必须服从当地官员的管理,又赦免了大量被迫为盗的盗贼,既减少了匪患,又给国内增

报应不爽

添了大量劳动力。

在政治上，他也颇能从谏，博采众议，继续重用敬翔等能臣，同时派遣使者搜寻民间贤才，使之为新朝廷效力。

总之，梁朝在建立之初，虽未进行太多制度上的建设，但总体上也呈现出一片欣欣向荣的气象。然而好景不长，随着在统一天下的军事斗争上的失利，朱晃的雄心壮志也逐渐被消磨殆尽。尤其是乾化二年的那一战，朱晃率领号称五十万的梁军，遭到了晋王李存勖数百骑的突袭，阵脚大乱，被杀得惨不忍睹。

自此以后，朱晃因承受不了如此巨大的耻辱，患上重病。他纵横沙场几十年，到了晚年数十万大军却被李存勖的数百骑兵击溃，还有比这更大的耻辱吗？当年李克用在潞州惨败，是在兵力不足的前提下，他尚且深以为耻，如今朱晃面对如此的惨败，倘若还无动于衷，就真要怀疑他是不是个有尊严的军人了。

不过羞耻归羞耻，知耻而后勇才是正道，因羞耻而丧失斗志却是误入歧途了。不幸的是，朱晃晚年意志消沉，光有羞耻之心，却无雪耻的斗志了。他也并不憎恨李存勖，反而由衷地欣赏他，他曾经对敬翔说："生子当如李亚子，李克用有此一子，虽死犹生，朕的儿子与李亚子相比，真是猪狗不如啊！"

敬翔听到这话，像他这般睿智的人也一时不知如何接话，只能说些"做守城之君足可"的好话来安慰朱晃。

朱晃的儿子倒不全是无能之辈，长子朱友裕就英武逼人，又颇具威望，只可惜英年早逝。朱晃直到称帝后，还念念不忘长子，心想他若不死，得是个多么优秀的储君，于是追封他为郴王。嫡子朱友贞是朱晃与正妻张惠所生，本应该被立为太子，但此人性格懦弱，又无大才,因此朱晃一直没能下定决心,只是封他为均王。郢王朱友珪,此人倒是有几分勇武,但可惜既无雄才,且品行不端,生母又是亳州营妓,自然不可能立为太子。

真正让朱晃觉得可作为储君的,是博王朱友文,此人之所以受宠倒不是有多么的贤德,而是他多才多艺。不过可惜的是,他并不是朱晃的亲生儿子,他原名康勤,是朱晃的养子。也正因为如此,朱晃在立朱友贞或朱友文为太子之间犹豫不决。

朱晃生性好色,当初正妻张惠在世时,因出于对爱妻的尊重,倒也有所收敛。等到称帝后,前期忙于政务军事,也没有太多心思与时间耗费在情欲之事上。但到了帝王生涯的后期,随着雄心壮志的消磨,他越来越沉浸于淫乐享受,无疑掏空了他的精力。这也就是为什么他被李存勖击败,难堪耻辱,整日抑郁不乐便患上了重疾的原因。

如果说朱晃好色,猎取对象仅限于宫中妃妾,倒也成不了太大的人生污点,可他却连宫外的有夫之妇也不放过。乾化元年,他在河南尹张全义府邸园林中避暑,见其妻子徐娘半老,竟然召她前来,强行奸淫。后来他见张全义府中女眷多半秀色可餐,全然不顾礼义廉耻,一一迫使其与之同寝,玩弄了好几日才回宫。张全义之子张继祚忍无可忍,差点就刺杀了朱晃,还亏张全义胆儿薄脸皮厚,以朱晃曾救过他一命为由,在关键时刻强行让他中止了刺杀行动。

回到宫里后,朱晃仍然纵欲无度,他厌倦了宫中各类天仙般貌美的妃妾,竟然将魔爪伸向了在他看来风韵撩人的儿媳们。博王朱友文的妻子李王妃,长得貌美如花,天生一个尤物,朱晃每见到她总是心猿意马,终于按捺不住,将她召进宫中侍寝。朱友文知道后也睁只眼闭只眼，正好利用妻子取悦朱晃。郢王朱友珪私下发觉此事，竟然主动把自己貌美的妻子张王妃孝敬给朱晃。朱晃自然笑纳，时常与这位身材曼妙的儿媳共度春宵。

无节制的淫乱生活无疑加重了朱晃的病情，这位叱咤风云数十载的奸雄，也自感离大去之期不远矣。人之将死，其言也善，病重的朱晃对梁朝的未来很是担忧，他私下对敬翔说："朕戎马三十年，纵横天下，大败晋军，却没料到晋王李克用竟有个如此了不起的儿子李亚子，使晋国又强大起来。朕观李存勖之心，志在争夺天下，朕这身体越来越不行了，而诸位皇子恐怕没有一个是其敌手，大梁难道也要二世而亡吗？"

敬翔泣声道："陛下，不必过分担忧，保重龙体要紧哪！"

朱晃道："先生以为，朕的诸位皇子，哪个适合立为储君？"

这一问倒把敬翔难住了，朱晃在世的几个皇子，半斤八两，没有谁真正适合做一个合格的帝王，包括他的养子朱友文在内。但在这个关口，敬翔总不能照实了说，让病重的朱晃彻底绝望吧。"诸位皇子各有千秋，只是此事乃陛下家事，老臣不好置喙，陛下应自有圣断。不论将来做天子的是谁，老臣都将竭尽驽马之才，鞠躬尽瘁，辅佐新君。"

朱晃哂笑道："只要有先生辅佐新君，朕倒也放心几分了。"

朱晃也明白，敬翔没有向他举荐可立为储君的皇子，未必真是避嫌，而是没有皇子值得举荐。但既然敬翔没有提出任何建议，他便由着自己的喜好来了。

乾化二年六月，病倒在御榻上的朱晃屏退左右，专召博王朱友文之妻李王妃入宫，密语道："朕这病恐怕是好不了了，你明日亲自去一趟东都洛阳,把博王召回宫中,朕与他有话要说。"

李王妃自料朱晃将传位于朱友文,窃喜不已,却故作悲恸与不舍道:"何事如此重要,非得儿臣亲自走一遭？父皇病体未愈,儿臣若走了,谁来照顾父皇？"

"你走后朕自有人照料。"朱晃犹豫了片刻,柔声道,"告诉你也无妨,朕要立博王为太子。此事不可对任何人说起,你还需速速动身,以免夜长梦多。"

李王妃化喜悦为悲伤,泣声道:"父皇,您要多保重龙体,儿臣这就去了。"

"去吧,快去吧!"朱晃一连说了两句,满怀期待地目送李王妃离开。

让朱晃始料未及的是,他虽屏退了室内所有宫人,却没想到隔墙有耳。郢王朱友珪之妻张王妃,也深得朱晃宠幸,自由出入宫闱,朱晃与李王妃的那番话,她在门外听得一清二楚。

张王妃连忙将此事告知朱友珪,且语且泣:"父皇要立博王为太子,已经偷偷派李王妃前去东都召他回京,王爷与博王素来不睦,到时博王做了天子,还有王爷的立足之地吗？"

朱友珪惊讶道:"此事你是从何处得知？"

张王妃道:"是妾身亲耳所闻。妾身当时正欲去宫内探望陛下病情,见陛下的寝宫大门紧闭,门外也没有值班的宫人,觉得奇怪,悄悄走到房门时,便听到了陛下与李王妃的声音。妾身躲在门口偷听,才得知了此事。"

朱友珪心急如焚,颤声道:"这该如何是好啊？难道咱们真坐以待毙吗？"

报应不爽

“要不，王爷就去求求陛下吧，或许能让博王将来放咱们一马。”看到丈夫也手足无措，张王妃更加害怕起来。

正当朱友珪犹豫不决时，一个粗犷稳重的声音突然打断了朱友珪夫妻的讲话：“小人有一言，不知当讲不当讲？”

说话者乃仆夫冯廷谔，此人是郢王府的马车夫，只因身材伟岸，武艺高强，被朱友珪视为心腹，时常不离左右。张王妃向朱友珪告知朱晃将立博王为太子时，冯廷谔也在场，当他听到张王妃想让朱友珪去求朱晃，终于按捺不住想表达自己的看法。

朱友珪抱着病急乱投医的心态，淡淡道：“但说无妨。”

“小人以为，王爷就是坐以待毙，也绝不能去求陛下。”冯廷谔卖了个关子。

张王妃不屑道：“一派胡言，此事哪轮得到你一个奴才说话！”

朱友珪倒挺有几分好奇，他做了个手势示意张王妃不要干涉：“你且说说，这是为何？”

冯廷谔不徐不疾道：“陛下将立博王为太子，事乃机密，王爷若因此去宫中向陛下求情，岂不说明您已窥测天机，陛下多疑，王爷何必自找麻烦。”

朱友珪急了：“那你以为该如何是好？”

“办法不是没有，就看王爷有没有做大事者的气魄了。”冯廷谔面露阴鸷，神神秘秘地吐出了这么一句话。

“你快说，是什么办法！”朱友珪急不可耐。

冯廷谔伸出右手，朝脖子上做了个杀人的手势，幽幽道：“陛下病入膏肓，各将军统兵在外，王爷手握龙虎营数千精兵，若矫诏入宫，陛下寝宫卫士如何能挡？若王爷迟疑不决，等博王回宫，陛下必夺王爷兵权交予博王,到时王爷就真的只能束手待毙了。无毒不丈夫,是生是死,全在王爷一念之间。"

朱友珪陡然一震,面色惨白,额头上渗出豆大的汗珠,心脏扑通扑通跳个不停。子弑父、臣弑君,这可是有违人伦天理大逆不道之事,将来必然受千夫所指万世唾骂,但为了自保,荒淫冷酷的朱友珪沉思半晌后,竟然也默许了。

龙虎营中,举起了密密麻麻的火把,将肃杀的夜晚照得通红。将士们全副武装,虎视高台之上那位身材魁梧头戴钢盔身披玄铁甲的将领。此人是龙虎营统军韩勍,朱友珪的心腹,他左手按剑,慨然道:"郴王早薨,郢王为陛下次子,依次当立为储君,可宫中传言,陛下将立博王为太子。自古立储当以长子为先,幼子尚且不可,何况养子?此必是宫中有奸人蛊惑陛下!今日本将军将率兄弟们入宫锄奸,以清君侧!陛下万年之后,郢王即位,定不忘兄弟们的匡辅之功!"

"清君侧!清君侧!清君侧!"台下的龙虎营将士纷纷举起右手,异口同声地高呼。

是夜,龙虎营五千将士在朱友珪、韩勍的率领下,矫诏诱杀宫门守将,偷偷潜入宫内,分处行动,迅速攻占各宿卫地。大约一个时辰左右,皇宫已基本在朱友珪叛军的掌控之中。朱友珪不敢怠慢,连忙率领冯廷谔及两百名死士,直朝朱晃的寝宫杀过来。

朱友珪的行动虽然隐蔽,但终究闹出不小的动静,惊醒了病榻上熟睡的朱晃。朱晃起初并不以为宫内发生了叛乱,更没有料到朱友珪带人来弑父,直到他派出去察看情况的宦官被杀害,朱友珪提着血迹斑斑的宝剑闯入寝宫。

朱晃身边的宫人见一群凶神恶煞的武士提着明晃晃的刀剑闯入寝宫，知大事不妙，纷纷作鸟兽散，偌大的寝宫，只剩下朱友珪及叛军与朱晃一人。朱晃到底是纵横天下的奸雄，见惯了大风大浪，明知朱友珪叛乱自己死不旋踵，但仍表现得从容不迫，丝毫不损他一代开国君王的风度。

他强撑病体，艰难地坐立起来，头发略微凌乱，穿着一件淡黄色龙纹睡衣，面朝朱友珪，愤然道："早就知你是个逆子，才不立你为太子，今日看来，果然如此！"

朱友珪反唇相讥道："父皇既然如此英明，早知儿臣是逆子，为何不杀了儿臣？早杀了儿臣，就没有今日了。"

朱晃满眼深情，淡淡道："虎毒不食子。"

朱友珪顿觉理亏，不知如何应对。朱晃见状，趁机攻心道："珪儿，父皇何负于你？以子弑父，就不怕世人唾弃，天地不容吗？"

朱友珪依然无言以对。在一旁的冯廷谔担心朱友珪心软，急言道："王爷，事已至此，没有退路了，今日你不杀陛下，来日陛下会放过你吗？"

"住口！"朱晃厉声训斥，"狗奴才，还想在这挑拨我们父子关系吗？"

冯廷谔反驳道："陛下与郢王的父子关系还用小人在此挑拨吗？依长幼顺序，郢王当立为太子，而陛下却想传位于博王，陛下敢说不负郢王？"

朱晃被驳得阵阵心虚，面红耳赤，颤声道："谁说的？一派胡言！若不信，朕现在就可以下旨立郢王为太子。"

"晚了！"当朱友珪听到冯廷谔反驳朱晃不立他为太子时，顿时又激起了他对朱晃的怨恨，"父皇，儿臣不管你是真心还是假意，如果儿臣真放下手中的武器做你的太子，你将来会放过儿臣吗？"

朱晃连忙道："会。"

"不会！"朱友珪厉声反驳，"您喜欢的一直就是朱友文，您的养子博王朱友文！今天您立儿臣为太子，不过是被胁迫，是权宜之计，将来，您一定还是会废了儿臣，甚至杀了儿臣！儿臣已经没有退路了，今日不是你死就是我亡！"

"放肆！"朱晃也不甘示弱，"朱友珪，你今日真敢大逆不道弑父吗？"

"为何不敢！"朱友珪用剑怒指朱晃，咆哮道，"臣敢弑君，子为何不敢弑父！"

朱友珪所说的臣弑君，是指朱全忠弑杀李晔与李柷父子。朱晃称帝后，虽封李柷为济阴王，但随着与晋国交战军事上的失利，而晋国一直打着复兴唐室的旗号，为了防止李存勖利用李柷掀起风浪，朱晃竟然派王殷将李柷鸩死。朱友珪以这两件事反驳朱晃，竟让朱晃面红耳赤，无言以对。

"天道好还，报应不爽。朕杀了两任天子，夺人国祚，终于报应到自己头上了。报应啊，真是报应！"朱晃凄凉自语，仰面大笑，那笑声苦涩而绝望。

朱友珪趁机冷峻道："既然父皇能如此认为，就怨不得儿臣了！"

"冯廷谔！"

"在！"冯廷谔听到主子冷酷的声音，赶忙拱手应答。

"送陛下上路！"朱友珪的声音依然冷酷，而这冷酷中又多了几分挣扎与无奈。

"是!"冯廷谔闻命,正欲提刀上去,一刀杀了朱晃。突然,一个绝望而又杂糅着威严的声音死死拖住了他前进的步伐,"不必了,取药酒来!"

冯廷谔迟疑地望着朱友珪,但见朱友珪做了个停止的手势,淡淡道:"把药酒呈上来。"

一个中等身材的披甲武士应声从门外步入。他恭敬地端着一个托盘,上面是一个装满毒酒的鎏金龙纹酒壶,还有一个斟满毒酒的精致瓷杯。很显然,朱友珪早有准备。

武士端着毒酒缓缓而前,不一会儿便走到了朱晃面前,他垂着脑袋,始终不敢正视朱晃。此刻的朱晃面如死灰,他缓缓举起酒杯,以凌厉的目光扫视富丽堂皇的寝宫以及他眼中的弑君贼子们,长叹道:"大好江山,可惜落入竖子之手!"

突然间,他又凝视着手中的酒杯,仰面冷笑,那笑声中杂糅着羞愧、绝望、恐怖,往事也随着这五味杂陈的笑声,一幕幕浮现在他脑海。遥想当年,这个叫朱温的青年是多么俊伟不凡、意气风发,又是多么老谋深算、见风使舵,依靠黄巢义军的势力崛起,却在义军式微时无情背叛,摇身一变成为大唐藩王朱全忠,再后来又两弑天子,成为梁朝的太祖皇帝朱晃。他的一生是背叛的一生,背叛成就了他的传奇,成就了一个朝代。

这样的人生经历,注定了他是以一个奸雄、篡位者的面孔展现在世人面前。但身处乱世之中,要么默默无闻任由无耻的世道蹂躏,要么一心投靠朝廷成为亡朝的殉节者,若想成就一番开天辟地的大事业,又如何还能洁身自好?他奸邪,他寡恩,他残酷,他无德,但他对双亲手足孝悌有加,对爱妻款款深情,对敬翔尊敬备至,从谏如流，他似乎也并不是一个充满罪恶的历史符号。

他究竟是一个怎样的人，他已来不及多想，看到亲生儿子本来还略带愧色的眼神又生满了杀气，他知道自己得向他毕生最得意的杰作——梁朝告别了。此刻，犹如一尊沉思的雕像的他猛然抬头，悲壮地举起酒杯，将杯中毒酒一饮而尽。"臣以此酒弑君，子以此酒弑父，报应啊！"这是一代奸雄大梁太祖皇帝临死前最后的遗言。

身处历史潮流中丧德的野心家们，没有谁能躲过历史的制裁，朱友珪自然也不例外。弑杀生父之后，他果断处死了抵达皇宫满怀期待的朱友文夫妇，顺利篡位，成为梁朝的第二任天子。但这位弑父自立的皇帝，名不正言不顺，怎么可能服众？尤其是那些忠于朱晃的名臣武将，他们怎么可能效忠这么一位无德无才的弑父者？

一股反抗朱友珪的暗流在梁朝汹涌滚动。均王朱友贞作为朱晃的嫡子，自然成了谋划推翻朱友珪政权的梁国忠臣心中最属意的即位人选。凤历元年，即朱晃被弑的第二年，朱友贞在敬翔、葛从周等文臣武将的拥护下，率兵杀入宫廷，手刃弑父者、篡位者朱友珪，承袭大统，是为梁末帝。朱友贞同时宣告天下，他才是梁朝第二任天子，太祖皇帝朱晃的合法继承人，朱友珪是篡位者，因此被追废皇帝，史称梁废帝。

"仁而无武，明不照奸"，这是史家对朱友贞的评价。这位仁弱的天子即位后，宠幸小人，致使朝政腐败，贪贿成风，李振明哲保身，敬翔虽有心整肃朝政，但独力难撑。十年之后，为朝廷呕心沥血的敬翔满头银发，当年的名士风采已不复存在，成为一个身体略微佝偻的干瘦老头。葛从周、杨师厚等名将也相继病逝。

是时，李存勖纵横驰骋，天下诸侯莫不归附，晋国实力空前强

盛。龙德三年四月，李存勖在魏州称帝，改元同光，定都太原，定国号为唐，史称后唐。当年十月，李存勖派义兄李嗣源大举伐梁，唐军势如破竹，旬日便杀到开封城下。

朱友贞蓦闻唐军压境，束手无策，日夜啼哭，在这国难当头之际才想到敬翔，前来询问破敌之策。可事已至此，敬翔也无能为力，心如死灰："陛下这些年来亲信小人，不纳忠言，致使朝纲紊乱，忠臣含恨，直到今日才想到任用忠臣，不觉得晚了吗？陛下啊，现在唐军大军压境，大梁已无可用之兵，即使谋圣张良复生也无力回天，老臣又何能为？唯有一死殉国罢了，只是可惜啊，先皇三十余年苦心开创的基业要落入他人之手了。"

话音甫落，朱友贞号啕大哭，而敬翔却浑身木然，欲哭无泪。

后梁龙德三年，即后唐同光元年，十一月十八日，唐军攻破开封城，梁末帝朱友贞自刎殉国。敬翔闻国破，亦上吊自杀，以身殉国。而宰相李振投降后唐，却不料李存勖痛恨他背弃故主苟且偷生，当场将他斩杀，并诛杀其全家。

梁朝自朱晃开平元年立国，至朱友贞龙德三年覆灭，共计十七年。朱晃以弑君称帝，晚年却为子所弑，以篡唐开国，梁朝却终亡于唐之手。这一切是冥冥之中自有天意，还是巧合？